中国顺应经济新常态，迈向中高端研究

张 平 楠 玉 袁富华 等著

Zhongguo Shunying Jingji Xinchangtai
Maixiang Zhonggaoduan Yanjiu

中国社会科学出版社

图书在版编目（CIP）数据

中国顺应经济新常态，迈向中高端研究/张平等著. —北京：中国社会科学出版社，2018.1
ISBN 978-7-5203-1337-7

Ⅰ.①中… Ⅱ.①张… Ⅲ.①中国经济—经济发展—研究 Ⅳ.①F124

中国版本图书馆 CIP 数据核字（2017）第 265943 号

出 版 人	赵剑英
责任编辑	卢小生
责任校对	周晓东
责任印制	王 超
出 版	中国社会科学出版社
社 址	北京鼓楼西大街甲 158 号
邮 编	100720
网 址	http://www.csspw.cn
发 行 部	010-84083685
门 市 部	010-84029450
经 销	新华书店及其他书店
印刷装订	北京君升印刷有限公司
版 次	2018 年 1 月第 1 版
印 次	2018 年 1 月第 1 次印刷
开 本	710×1000 1/16
印 张	5.25
插 页	2
字 数	60 千字
定 价	30.00 元

凡购买中国社会科学出版社图书，如有质量问题请与本社营销中心联系调换
电话：010-84083683
版权所有　侵权必究

摘　　要

2010年，中国人均国民收入（GNI）达到4035美元，成功地跨过了世界银行关于中上等收入国家的界定标准（3975美元）的门槛，跻身于中上等收入国家行列。而中国经济能否保持中高速增长，迈向中高端发展，成为中国跨越"中等收入陷阱"的关键。

本书借助两大体系进行分析，一大体系是一国经济如何通过持续的结构性变革来提升劳动生产率和全要素贡献率来迈向中高端发展；另一大体系是结合国际经验数据，讨论中国未来进入中高速阶段，特别是通过区域追赶特征进行统计分析和推断。主要得到了以下结论：

（1）中国经济中长期增长路径中增长加速和增长减缓过程较为频繁，虽然2015年再次出现增长减缓拐点，结构性减速特征明显，但是，中国经济依然较为稳定，预计2016—2017年，经济增长仍然保持在6.5%以上的水平、"十三五"规划期间，保持在6.5%左右的增长是可预期的。

（2）中国经济迈向中高端发展需要持续的效率提升仍是严峻的挑战。中国经济迈入中高端发展的关键是"两个效率提升"。第一个效率提升是劳动生产率的提高。劳动生产率的增长速度直接决定了工资水平提升速度，没有劳动生产率的提升，就难以进行人力资本深化。第二个效率提升是全要素生产率增长及全要素生产率贡献不断提高。只有全要素增长率超过要素投入带来的增长时，才能提高全要素生产率的贡献率。

（3）国际增长经验表明，在以城市化和经济结构服务化为主导的中等收入阶段，实现迈向中高端发展即要实现发达经济体的高效率增长模式，形成"高劳动生产率、高资本深化能力和高消费能力"的稳定效率三角。而对比发达国家高效率模式和拉美国家低效率模式，研究表明，后发国家长期增长和追赶路径是非连续的，即中等收入阶段向高收入阶段的转型存在跨越门槛。

因此，中国经济要实现保持中高速发展，迈向中高端发展，宏观稳定与供给侧结构性改革是不可或缺的两大战略指标和任务，而其最终目标都是要持续提升中国的经济效率。在中国当前杠杆率高、汇率波动大和经济效率低的三大挑战下，宏观政策更要注重守住底线，而不是以继续加大杠杆、降低效率的方式进行，同时积极推进供给侧结构性改革，放松管制，给创新更多的空间，激活微观主体，才能完成配置资源的体制转型。

关键词 中高速增长；效率提升；中高端发展；改革

目　　录

一　总论 …………………………………………………………… 1
　（一）迈向中高端发展需要持续的效率改进 ………… 2
　（二）经济结构服务化中的不确定性和
　　　　效率模式重塑 ……………………………………… 8
　（三）推进供给侧结构性改革，提升经济效率 ……… 12

二　文献综述 …………………………………………………… 16
　（一）从要素配置效率角度 …………………………… 16
　（二）从技术模仿与自主创新角度 …………………… 21
　（三）以改革来实现中高速增长 ……………………… 24

三　中国经济增长加速与减缓 ……………………………… 27
　（一）增长加速与减缓的界定 ………………………… 27
　（二）增长减缓与经济周期波动 ……………………… 30
　（三）中国各省份的增长变动情况 …………………… 32
　（四）中国经济加速增长区域转移情况 ……………… 36

四　中国经济发展现状及阶段性特征 ……………………… 40
　（一）中国经济发展现状 ……………………………… 40

  （二）中国经济增长阶段性特征 …………………… 47
  （三）国际增长经验对中国的启示 …………………… 50

五 中国经济增长追赶情况 …………………………………… 60
  （一）跨国追赶经验事实 ……………………………… 60
  （二）跨国追赶系数测算 ……………………………… 62
  （三）中国省域经济追赶情况 ………………………… 65

六 对未来中国经济增速的预测 …………………………… 70
  （一）数据及方法说明 ………………………………… 70
  （二）估算结果说明 …………………………………… 71

参考文献 ………………………………………………………… 73

后　记 …………………………………………………………… 77

一　总论

2008年全球金融危机冲击后,中国经济增长逐步告别了两位数的高速增长。2015年经济增长低于7%,为6.9%,2016年预计增长为6.7%,2017年保持在6.5%的水平,中国经济增长进入个位数增长,保持在6%—7%的增长区间,呈现中高速增长态势,并正逐步迈向中高端发展。

中国经济迈入中高端发展的关键就是两个效率提升。

第一个效率提升是劳动生产率的提高。只有劳动生产率不断提高,人民的收入水平才能稳步提升,劳动生产率的增长速度直接决定了工资水平提升速度,没有劳动生产率的提升,就难以进行人力资本深化。因此,劳动生产率增长决定了一国的福利水平提高与人力资本深化的能力。

第二个效率提升是全要素生产率增长及全要素生产率贡献不断提高。全要素生产率是对企业技术进步与配置效率综合反映的指标,只有全要素增长率超过要素投入带来的增长,才能提高全要素生产率的贡献率,而且全要素生产率的贡献率被视为内生增长比重的测量。放到一个国家来看,全要素生产率的贡献比重提高意味着一个国家经济增长逐步摆脱要素投入带来的增长,进入到内生增长的道路,而只有全要素生产率增长本身,才能克服资本深化带来的资本报酬递减问题。中国经济当前的两个效率提升都难以达到预期，甚至出现了下滑趋势，挑战依然严重。

中国未来的经济增长目标是在保持经济平稳的基础上，深化供给侧结构性改革，加快效率提升模式的重塑，推动中国经济进入中高端发展。

（一）迈向中高端发展需要持续的效率改进

经济增长的理论逻辑和国际经验表明，一国经济迈向中高端发展需要持续的效率改进，即劳动效率改进和全要素生产率贡献比重的提升。在工业化时期，高速增长基本上同步伴随着效率改善，但经济结构服务化后，这两个伴随出现了非同步，甚至增长与效率改善无关的现象。

从索洛的增长范式看，只有 TFP 增长，才能拓展增长的可能性边界，而劳动和资本投入要素是规模收益递减的，最终达到均衡，没有 TFP 的持续增长和贡献，经济保持稳态，劳动和资本的深化都会遇到困难。

当前，国内外有关中高速增长的研究包括以下三大领域：

其一，增长转折与"均值回归"理论。最有代表性的研究是艾肯格林等（Eichengreen et al., 2011）关于增长加速（growth acceleration）和增长减缓（growth slow-down）的阶段界定等做了一套统计分析，即在原有增速超过 3.5% 的条件下，一国经济增长七年前后平均增速相差两个百分点被称为减速阶段，认为其赶超结束。另一类研究是从赶超国与前沿国家劳动生产率差距与收敛时间计算收敛的情况。即从赶超国与前沿国家劳动效率的差距收敛速度看后发国家向均衡路径的收敛时间。普里切特、萨默斯专门研究了"亚洲欣快症和回归均值",以中国和印度两个大国作为"机械",即忽略大国特性,按一般国际统计规律进行比较,得出了纯粹收敛时间。按大国间"互动"准则进行动态分析,得出了世界大国互动下的收敛时间,为研究提供了更深入的分析方法。这些研究包括世界银行的"中等收入陷阱"研究,基本上是基于实证分析体系的。

其二,基于生产函数上展开。第一个讨论的焦点是技术进步贡献,这来自对 20 世纪 90 年代的东亚国家和地区高速增长的质疑,就是 TFP 在高增长中贡献不足。国际上讨论很多,认为减速的原因中 85% 归结为技术进步贡献下降(艾肯伯格,2013)。中国也经常讨论"干中学"技术创新和自主创新问题。第二个讨论的焦点是有关中国人均资本存量很低,应该实施大规模投资,但资本收益率过低,资本深化难以进行。第三个讨论的焦点是中国人力资本存量低,应该大规模实施教育投入计划,但大学生毕业就业难、收入低,配置扭曲,人力资本深化也是难题。这三个问题对应了柯布—道格拉斯生产函数的三项,即技术进步(TFP)、投入的资本(K)和劳动力(L)。尽管有学者不断提出相同的问题,但现实情况是,2008 年以来,资本投入增长速度下降,劳动力增长速度下降,技术进步贡献下降。

其三,要素配置对增长影响的"缺口"模型(Anton Cheremukhin et al., 2015)。一组理论模型和现实数据计算了"缺口",分解了新中国成立到改革开放前的经济增长率,并且还进行了事实分析,文章假定改革开放以后如果中国还保持改革以前的各项经济缺口,以这样得到的经济增长率与真实的中国经济增长率进行对比，得出结论认为，改革开放使中国的 GDP 增长率提高了 4.2 个百分点（蔡昉，2013；陆旸、蔡昉；2016）；也构建了人口红利和改革红利缺口模型。

中国经济减速后，当前仍然处于中高速增长阶段，但是，高速增长与效率背离问题是当前最为突出的问题，需要从理论和实证的角度加以讨论。

1. TFP 增长与资本深化

通过用简单的柯布—道格拉斯生产函数进行中国 TFP 计算，得出的结论是：1985—2007 年，中国高峰增长期间，TFP 对经济增长的贡献为 29%（中国经济增长前沿课题组，2014），细算 1993—2007 年 TFP 对经济增长的贡献超过了 35%（陆明涛等，2015），但到了 2008—2015 年，在经济增长速度下滑的同时，各种计算表明，TFP 贡献降低到了 21% 以下，用前沿生产函数法计算甚至出现了负贡献，同期主要是靠大规模刺激资本积累的方式来进行的。

1985—2007 年经济增长超过 10%，资本增长速度为 11.13%，而 2008—2015 年经济增长 8.5%，而且逐年下降，资本增长速度却高达 11.7%。同期，劳动力供给增长速度从 1985—2007 年的 1.5% 下降到 2008 年的 0.36%，同期资本回报率也大幅度下降，资本深化无法持续。

资本深化一直是一个最为重要的理论命题，发达国家的人均资本存量是数倍于后发国家的。资本深化是指人均资本存量不断上升，但是，资本存量提高必然导致资本回报率下降，大量资本不愿意投资，出现了资本外流，寻找新的投资收益区域，而国内如果不计成本地靠国家动员来增加资本投入,将会导致资本回报率进一步下降,对民间资本会产生更大的挤出效应,而政府的负值将持续提高,可持续性是严重挑战。

从生产函数可以推出,在满足哈罗德中性条件下,生产函数为:

$$Y = K^{\alpha}(AL)^{1-\alpha}$$

其中,Y为产出,A为技术进步,K为资本,L为劳动力,α为资本产出弹性。

推导出资本边际产出弹性公式为:

$$\frac{\dot{MPK}}{MPK} = (1-\alpha)\left[\frac{\dot{A}}{A} + \frac{\dot{L}}{L} - \frac{\dot{K}}{K}\right]$$

或 $\Delta MPK = (1-\alpha)[\Delta A + \Delta L - \Delta K]$

即资本边际报酬的变化 = 技术进步变化 + 劳动力变化 - 资本积累变化(同时受到劳动产出弹性的影响)。

由此可见,没有技术进步,资本积累回报率随资本积累的规模越大则越低。发达国家,一方面是靠技术进步推动国内资本深化,另一方面是通过资本输出获得高资本回报进行积累。

近年来,中国资本回报率不断下降,民间投资下降,主要靠政府在基建和居民在房地产上投资来支撑,房地产租金回报率一直低于融资成本,主要靠房价上涨预期来弥补;而政府基建投资主要是按外部性投资的,商业价值越来越低了,长期回报堪忧,而大量的投资维持资产价格高位,资本回报率下降,资金外流成为理性选择,这很不利于中国维持高资本积累。可以看出,没有经济的内生增长,短期宏观的激励维持都受到挑战。

2. 劳动生产率与结构变动

一国经济健康更为简单清晰的事实，就是劳动生产率必须持续提高，增长伴随劳动生产率的提高来保证居民收入增长，从而提升一国福利水平。对于后发国家，劳动生产率提升与产业结构变革高度相关。工业化时期，工业部门的劳动生产率数十倍于农业，农村劳动力转移到工业部门后，劳动生产率大幅度提高。因此，工业部门比重不断提高，全国劳动生产率也不断提高，人们的可支配收入不断提高，如果工业效率提升与教育回报率同步，人力资本也会同步深化。但是，经济结构服务化后，劳动生产率提高就不是必然了，因为如果服务业的效率持续低于第二产业，则第三产业比重提高就会出现严重的效率下降；如果第二产业中过分发展建筑业，而建筑业劳动生产率更低，则建筑业比重上升越快，则第二产业效率越低。因此，经济结构服务化并不必然伴随着劳动生产率提高。

我们计算中国的第二产业和第三产业劳动生产率可以看出：

第一，服务业就业人数从1994年就超过了第二产业，2015年占全部就业的42.4%。

第二，服务业增加值在2012年超过第二产业，2015年超过50%，中国经济结构服务化的速度大幅度提高。

第三，服务业劳动生产率也逐步提高，第三产业劳动生产率由1995年不到第二产业劳动生产率的70%提升到了2015年85%的水平。近年来，服务业劳动生产率上升较快，但值得注意的是，依然难以赶上第二产业，特别是与制造业的效率相比，差距仍在扩大。2014年服务业劳动生产率只有工业劳动生产率效率的69%。因此，制造业比重不断下降，服务业比重不断上升也会直接导致整体劳动生产率下降。

第四，服务业劳动生产率上升较快。2012年之前，服务业劳动生产率年增长达到两位数，但之后降低到了个位数，比工业劳动生产率增长仍然慢得多。

我们再基于第二产业劳动生产率内部比重变化进行分析，可以看出：

第一，中国第二产业中工业部门不断下降，建筑业部门不断上升，2015年，建筑业占比已经从21世纪前的10%左右提升到16%，而且就业人数2016年和工业就业人数基本持平，成为中国最大的就业蓄水池。

第二，建筑业劳动生产率非常低，与工业相比，2014年相差4.5倍。

第三，建筑业劳动生产率增长几乎是停滞的，而工业劳动生产率增长迅速，2015年工业劳动生产率比2003年提升了3.6倍，制造业一直是中国劳动生产率增长的引擎。

对比2015年和2016年的数据，我们发现，2015年，服务业快速发展和服务业劳动生产率上升主要来自金融业占比提升的贡献。金融业占比按中国经济的发展阶段已经非常高了，高于发达经济体，因此，再提升金融业占比来提高劳动生产率比较困难。而近年来的第二产业增长速度低是来自房地产和基建托底的稳定经济的政策激励所致，建筑业的比重不断提高，对于稳定就业人数增加非常有效，但会降低劳动生产率，而且建筑业是劳动密集型行业，拉低了社会就业人数的人力资本需求，不利于人力资本深化。

随着经济结构服务化的进一步拓展，制造业比重进一步下降，而服务业效率提升速度降低。如2016年服务业增长最主要的贡献者是房地产，服务业劳动效率提高会进一步放慢，中国整体劳动生产率都要下降。2016年前9个月的居民可支配收入增长过慢，已经低于 GDP 增长，实际上已经是劳动生产率提高乏力的反映。因此，提升服务业劳动效率和进一步提升工业效率，才能有效地遏制劳动生产率的降低，提升我国的整体福利水平，促进人力资本的深化。

（二）经济结构服务化中的不确定性和效率模式重塑

经济结构转型升级、制度机制匹配与效率路径重塑是中国实现跨越发展的根本所在。因为工业化赶超的效率路径、发展机制和结构转型到了中等收入阶段似乎处于一个非常不确定的过程中，如果没有好的制度机制来推动转型升级，未能明确新的效率路径，经济增长的跨越是很难完成的，或者需要经过很漫长的探索才能实现。

工业化时期，发展经济学的"结构主义"进行了很多政策的总结，各国也做了很多实践，归纳起来，最重要的就是政府干预。在后发国家市场体系尚未建立时，政府可以作为市场参与的超级主体以弥补市场的不完善性，提出了以下思路：

第一，工业化"补贴"。利用产业政策、选择性金融政策、税收优惠政策等鼓励制造业发展。

第二，资本积累激励。国内通过利率管制等各类方法筹集资金，压低国内劳动报酬，提升资本报酬，从而进行招商引资，并展开区域性竞争，达到国内国外筹集资金用于制造业的快速发展。

第三，开放政策，扩大市场规模，汇率政策上通过贬值来提高国际竞争力等。

第四，通过引进设备，完成技术进步的"干中学"，推动国内制造业技术进步和产业升级。

第五，将GDP作为广泛的激励相容性指标，推动地方GDP的竞争。

工业化的快速推进离不开政府的积极干预，工业化具有典型的"规模经济"特征，经济效率同步提升，经济结构具有加速增长和提升效率的双重作用，并足以弥补干预带来的成本。

经济结构进入服务化后，隐含了很多不确定性因素，特别是增长、结构与效率同步现象出现了重大的不一致性，而国际经验表明，经济结构服务化后，国家增长路径会出现严重的分化，需要认真理解，才能清晰地得出效率路径转换的不确定性和转换的可行路径。从结构与效率的经验事实归纳来看，主要有以下几个方面：

1. 结构与效率路径不同步

研究发现，当经济结构服务化后，服务业比重上升很快，但其效率低于工业部门，因此，服务业比重越高，就越有可能出现整体经济劳动生产率下降的特征。这一过程不同于工业化，服务化推动的增长不是一个"规模收益与效率递增"的同步过程，服务业的发展规模效率低于工业化，因此，各国经济结构服务化后，服务业比重越高，增长普遍减速，但增长的效率和质量却出现了分化，发达国家靠服务提升经济增长效率和稳定性，而后发国家的效率改进下降，经济结构更为扭曲，易受外部冲击。一个典型的经验事实是：

经济结构服务化后，效率路径非连续，出现了分化。

2. 经济结构服务化的"成本病"

经济结构服务化普遍导致所谓的"鲍莫尔病"，或称为"成本病"，即由于服务业效率低，但服务需求旺盛，相对价格上涨，导致服务价格相对于制造业价格上升，即低效率改进导致的价格上涨，形成了服务成本上升。从广义上看，这种成本病表现为"城市化成本病"，即城市化高成本推进，但城市化过程没有提升聚集和创新效率，因而导致社会普遍成本提高。城市成本问题不仅威胁制造业，也同样威胁服务业的升级。

3. 产业升级不确定

城市化是经济发展的必然产物，从国际比较看，城市化率突破50%后，服务业比重快速上升，制造业比重下降，都面临着产业升级的内在要求，即靠低成本的产业要被城市化后带来的高成本所替代，但也包含城市聚集和创新外溢带来的效率提升的机遇，成本与效率赛跑。中国城市化成本增长过快，效率改进下降，这是中国已经出现的经验事实（课题组，2009），高成本的住房、公共服务等导致中国城市化过程中有快速"去工业化"的趋势，使服务业从生产性服务业进行效率提升的台阶逐步失去，产业结构转型升级失去了战略支点，产业升级变得不确定。

4. "干中学"转向"自主创新"的技术进步路径不确定

"干中学"的技术进步往往是同质性的技术进步。首先，它受到本地与国际技术水平差距的限制，越接近前沿国家的技术水平，其效率越低；其次，它受到需求规模的限制，由于技术同质性特征，很容易导致"规模收益递减"。进入中等收入阶段后，与先进技术差距缩小和需求多样性，"干中学"技术进步效率迅速下降，但这并不直接导致自主创新比重的提高。自主创新核心是自主知识产权能得到"垄断租金"的激励，尤其要获得资本市场的激励，才能完成自主创新活动。自主创新是异质性的，其创新风险不断提高，需要更多的人力资本投入和分布式创新活动，需要市场化的"高定价"激励才能完成。但是，由于自主创新不确定，公司和政府都愿意通过引进的方式走"干中学"的技术演进路线，消除不确定性，这无可厚非。但是，一个仅仅限于"干中学"技术进步的增长，其持续性受到限制，而且"干中学"路径导致"过度投资"引进技术和锁定技术演进路线，压制本土创新性。自主创新和"干中学"不是一个技术演进路径的简单好坏的争论和自动转换，其机制建设是根本，衡量的最重要因素仍然是TFP，如果TFP贡献持续下降，则认为技术进步演进出现了挑战。从国际经验比较来看，从低收入阶段跃进到中等收入阶段的大多数国家TFP先上升很快，贡献率也明显提高，但进入中等收入阶段后，TFP下降明显，说明这一阶段的技术路径已经不是连续性的了，需要路径转换。

5. 消费升级的不确定性

经济结构服务化过程中，要素服务化质量提高是关键，即以人的要素提升为核心，消费中广义人力资本的消费比重不断提高，提升人力资本质量，完成人力资本与结构升级的互动，形成所谓消费的动态效率补偿，但这一过程也是不确定的。如果过多地管制服务业，消费服务没有提高人们的广义人力资本，消费效率不提升，则转型困难。

经济结构服务化意味着更复杂的经济系统协同、分布式创新、高质量人力资本良性激励与循环等的出现，经济增长中"非竞争性"的新要素需要不断生产出来，包括制度规则、创意、国民知识参与分享水平、教育、信息网络等，这些新增长要素质量的不断提升是决定这一阶段服务化带动升级的根本。

经济结构服务化是中国进入到中等收入阶段直接面临宏观稳定的挑战，一是减速；二是降低外部的冲击。从宏观上看，经济减速特征明显，中国从高速增长阶段进入到中高速增长阶段，这一趋势已经出现；中国发展成为世界第二大经济体后，开放必然加快，特别是资本项目开放也是不可避免的，而后发国家在资本项目开放过程中易受到外部冲击，这也是中国当前稳定的一个关键。中国的结构调整必须在宏观稳定和持续微观机制改革双重推动下才能完成。中央提出的宏观稳定和供给侧结构性改革推进无疑是中国现阶段的根本性任务。

（三）推进供给侧结构性改革，提升经济效率

宏观稳定与供给侧结构性改革是中国迈向中高端发展不可或缺的两大战略指标和任务，但其最终目标都是要持续提升中国的经济效率。从近年来的情况看，宏观稳定目标，即熨平经济波动的目标实现得很好，但对于效率改善的帮助都有限，特别是刺激房地产和基建发展导致了资产价格上涨及

建筑业发展过快。一是导致资金回报水平持续走低；二是导致劳动生产率低的部门上升很快，因此，在一定程度上降低了经济效率。在中国当前的杠杆率高、汇率波动大和经济效率低的三大挑战下，宏观政策要更为注重守住底线，而不是通过继续加大杠杆、降低效率的方式进行。积极推进供给侧结构性改革，放松管制，给创新更多的空间，同时激活微观主体，才能完成配置资源的体制转型。

当前的宏观管理应该集中在以下几大风险目标控制上：

（1）稳定杠杆，进行适当结构性调整，让债务问题平缓化，基本上依然是靠政府来承担最终债务滚动的主体。一是安排地方政府债务重组与稳定化；二是金融政策提供流动性安排，防止债务危机，并在国家层面上进行更大的财政金融的联动，以保证债务稳定，并积极推动企业降杠杆。

（2）2017年加入特别提款权（SDR）一年后，市场化进程加快，但是，美国加息和国内经济减速夹击对人民币汇率稳定极其不利，我们实行非对称贬值（对美元贬值，对一揽子货币升值）的双目标策略在2017年的余地不大，特别是对美元贬值预期现在一直维持在7.3%的水平，大致是在近年来基础上提升5%的水平，如果不能控制在7.3%的基础上，人民币贬值过大，国内的任何资产回报率都难以抵抗贬值的损失，资本外流会进一步加大，汇率冲击是难以控制的。

（3）财税改革的方向一定是结构调整，这样，才能有效地降低企业成本，包括降低企业增值税、提高消费税、个人综合申报所得税等，将个人纳税与城市福利权利相匹配，从而降低企业的税负，激励企业的活力。

在供给侧结构性改革上，需要注意以下几个方面：

（1）进行事业单位改革。推进事业单位的社保制度改革，逐步取消事业编制，特别是涉及现代服务业的科、教、文、卫、体等事业单位改革是"十三五"改革的重点。事业单位改革既事关中国现代服务业发展，特别是提高人力要素质量的服务业是未来最需要发展的行业；又事关中国公共服务品改革，中国传统公共服务品是由国家统一包起来供给的，这里涉及公平问题和普遍化服务问题，涉及民生事务的监管体制建立问题和公共服务品定价问题，这些都是改革的新挑战。公共部门改革涉及四个大的方面：一是事业单位社保改革；二是公平原则，提供普遍化服务作为基础投入，仍需加大投入；三是放松管制，包括准入、价格和相应的服务监管；四是建立新的定价机制和监管体制，作为公共服务部门，其定价机制和监管体制是改革的另一个重要方面。但总体来讲，必须通过改革为现代服务业拓展创新空间，满足大众差异化的需求，让企业能积极运用市场方式，增加有效供给，提升中国公共服务部门的竞争力。

（2）国有企业改革当前是按照做强的方向努力，但其破的少，合并的多，特别是在国有企业的公司治理与清理低效率的企业方面都在退步。上市公司中存在着直接合并性倾向，如宝钢武钢合并，中航地产划归保利地产，其模式仍然是计划经济的思维，企业主体的独立性和创新性都会被进一步遏制。国有企业效率低下，却占用较多的金融资源，而近年来债务违约多为国有企业，债转股热潮也是为国有企业解困，这种微观的软预算约束导致了企业的盲目扩张和不负责任的逆向选择。国有企业改革应遵循十八届三中全会提出的改革方案。

（3）城市化模式的改革。新一轮房地产热潮直接涉及地方政府的土地资金和城市化发展的模式讨论。如果政府始终保持着庞大支出的超级政府,管生产、管服务,而不能向以公共服务为目标的小政府转变,那么城市化模式是无法改变的,而且土地政策也难以转型。关键在于城市化率,中国到2019年前后预计达到60%,2025年达到65%,城市化的建设周期结束后,城市进入到了折旧和维持运营的周期中,不积极改变这种城市化模式,则会负担巨大。因此,城市化改革主要是从地方政府体制进行改革,包括政府转型、区划和资源集中等级制等分割打破。只有这样,才能有效地推动城市化模式转型,从物聚集生产的城市转向以人力资本聚集进行服务和创新的城市。

二 文献综述

自2011年以来,中国经济增速不断放缓,引发了国内外各方面的关注。一些机构从金融风险的角度对中国经济增长持消极的看法,并不断调低对中国未来几年的经济增长预期,对市场预期产生了影响。实际上,随着刘易斯拐点的到来和与发达国家技术差距的逐渐缩小,中国"人口红利"和"干中学"对经济增长的贡献力逐渐减弱,潜在增长率确实下降了。同时,国际贸易增长乏力,去全球化的现象出现,也加大了中国经济的外部压力。但是,在全球主要经济体复苏乏力的同时,目前中国的经济增长成果还是十分显著的。我们有理由相信,中国通过调整政府与企业在市场中的关系、深化市场化改革是可以达到中高速增长的。目前,关于高速增长的文献还主要停留在观点层面上,缺乏系统的理论层面的支持。因此,下面就中国未来中高速增长这一议题,从现有文献的角度,结合实际经济问题,讨论对增长进行理论支持的可能。

(一) 从要素配置效率角度

伴随着增速放缓,中国经济从要素驱动向效率驱动的转型也日渐迫切。中国经济增长前沿课题组（2014）认为，中国经济增长内生动力的阻碍根源在于现阶段制度结构对于效率改进的阻碍和人力资本配置的扭曲，并导致后续增长得不到生产效率提高的补偿。蔡昉（2013）认为，中国在遭遇刘易斯拐点、人口红利逐渐消失的情况下，出现了潜在的不利于全要素生产率提高的趋势：政府主导型经济增长模式和国有企业的垄断地位妨碍了企业效率的提高。赵昌文等（2015）也认为，今后增长的新动力主要在于通过提高要素质量，促进要素优化配置，提高生产率。经过大规模要素投入拉动的增长以后，中国经济已经面临着高负债、高房地产库存和企业效益无法有效提高的困境。这种低效率困境的背后是体制扭曲导致的横向分化和纵向分割。政府主导的投资和国有企业的隐性担保机制，使资本和人力配置在横向层面出现了分化。在高负债的情况下，资源配置的效率逐渐降低。同时，虽然中国的 R&D 支出增长很快，目前，已经达到了 OECD 国家的平均水平，但是，R&D 转化到提高企业生产率的效率却不高。中国的 R&D 支出的主体是企业，并且主要以应用研发为主，基础研发主要由高校和科研机构来完成，资金主要来自政府。严成樑和龚六堂（2013）的研究表明，我国企业 R&D 对经济增长的拉动作用没有基础研究的作用大，因此，需要提高我国 R&D 支出的使用效率，同时调整 R&D 支出结构。

在存在经济低效率冲击的情况下，中国经济出现了结构性失衡。国外一些文献已经就经济失衡问题进行了探讨，这类文献以无摩擦或者少摩擦的模型为基础，在加入使经济失衡缺口的设定后，用反事实的方法来讨论失衡变量对其他经济变量尤其是经济增长的影响。查里等（Chari et al.,

2006）用此方法测算了美国在 20 世纪 30 年代经济萧条时的经济缺口。查里用缺口测算的方法测算了劳动力缺口、投资缺口及政府支出缺口对经济波动的影响。由于 30 年代大萧条导致经济偏离均衡路径，因此，查里在测算 1929—1939 年经济缺口的时候使用了非线性的转移矩阵方法，与之相对的则是采用对数线性化进行测算战后数据。查里得出的一个重要启示是：政策或者冲击导致经济扭曲可以用缺口来刻画。受此启发，Anton Cheremukhin 等（2013）测算了苏联时期斯大林式经济体农业和工业两种产业中的劳动力价格、产品消费、资本回报、资本量的"剪刀差"，并加上农业和工业的全要素生产率，他们以这些变量分解了斯大林经济增长率，结果显示，虽然斯大林模式在短期内可以提高经济增长速度，但是，长期对全要素增长率的提高不利，从而不利于长期经济增长。有趣的是，Anton Cheremukhin 等（2015）用相同的模型、同样的变量分解了新中国成立到改革开放前的经济增长率。他们还进行了反事实分析，假定改革开放以后如果中国还保持改革以前的各项经济缺口，以这样假定的经济增长率与真实的中国经济增长率进行对比，得出结论认为，改革开放使中国的 GDP 增长率提高了 4.2 个百分点。除考虑 GDP 核算项（Chari et al.，2006）、农业和工业（Anton Cheremukhin et al.，2013，2015）之间的各项经济缺口以外，朱莉奥·利尔（Julio Leal，2015）还将缺口的思想细化到了行业层面。朱莉奥·利尔用企业边际收入和边际成本缺口以及劳动力边际产出与边际成本缺口测算了 27 个行业的生产率，并且将墨西哥的数据与美国进行对比，得出结论认为，墨西哥资源配置效率、生产率比美国的行业低，解答了哪些行业是墨西哥生产率比不上美国的问题。这类文献的一大特点就是以一些经济缺口为出发点，用反事实分析方法，用不存在这些缺口的假想经济与现实经济数据进行对比，发掘消除缺口的经济效益。

沿着这类文献脉络，可以考虑中国经济在资源配置效率方面的缺口，并模拟这些缺口在市场化改革以后的经济增长率。关于中国经济缺口，可以从国有企业和非国有企业的资源配置效率着手。Anton Cheremukhin 等（2015）文章的前半部分从工农业"剪刀差"的角度进行了分析，文章的后半部分从国有企业和非国有企业的区别分析缺口，但是，文章对于国有企业和非国有企业的划分是源于国有企业的"铁饭碗"即固定的劳动力需求。更合理的其实是从资本配置效率角度去分析国有企业和非国有企业，Zheng Song 等（2011）就是从国有企业和非国有企业不同的融资约束假定出发建立模型的。对于国有企业和非国有企业的缺口分析，可以细化到行业层面，因为不同的行业，竞争性不同：服务业的竞争程度不强，国有企业效率普遍不高；网络结构的产业领域，垄断严重。而基准生产率可以参照以 OECD 国家数据组成的基础国家模型。通过比照中国国有企业和非国有企业各个行业与基础模型国家中各个行业的生产效率缺口，说明中国通过改革减小生产效率缺口，提升经济增长空间的潜力。

隐性担保的核心是企业的进入、退出机制存在障碍，从而导致低效率的企业大规模地在市场中存续，占据了大量资源，并且企业生产率不断分化。事实上，这个问题并不是中国特有的。近期 OECD（2016a）的研究从企业生产力分化和新陈代谢减缓的角度来解释全球的经济增速下降。研究者用企业层面的数据分别计算了所有企业的全要素生产率（TFP），发现 2007 年美国次贷危机以后，TFP 前沿企业与末端企业的差距越来越显著，生产力分化进一步拉大。目前，也有OECD学者开始研究各国的"僵尸"企业对于经济增长的影响（OECD，2016b）。在中国，国有企业杠杆率上升，隐性担保一直没有消除，"僵尸"企业问题也作为供给侧结构性改革的重点和突破点，成为政策的焦点。

2008年国际金融危机以后，中国采用经济刺激政策拉动经济增长，导致中国企业的杠杆率不断升高，风险不断积聚。IMF近期的研究结果显示，如果中国认真地执行了去杠杆政策，后十年的经济增速可以保持在6%以上，而坐等债务负担不断恶化，经济增速也将不断下滑（IMF，2016）。债务不断攀升，主要是由国有企业的隐性担保导致的。由于具有政府的隐性担保，银行更乐意借钱给国有企业，地方政府在国有企业去杠杆、去产能方面也形成了博弈的局面，资金、人员的配置并不是按照市场规律进行的，产生了扭曲。事实上，债务问题主要是由于体制机制的不健全，以及企业自身的竞争力、造血能力不足导致的。单纯地为了去杠杆而去杠杆，没有解决体制机制问题，没有提高企业的自身竞争力，最终的发展路径还是会回到老路上去。

除具有隐性担保和垄断的国有企业领域以外，资源配置效率更低的可能是中国科、教、文、卫等事业单位（相对不市场化）。尽管在科、教、文、卫领域，尤其是科技研发领域，是具有外部性的公共部门投资，但是，由于非市场化原因，存在严重的要素配置低效率。按照内生增长理论，研发等具有外部性的投入，可以持续带来经济增长，外部性的投资供给不足，需要由公共部门介入来投入。但是，中国的现实情况是，外部性的投入往往由政策决定，并不能与市场的需求相契合，科、教、文、卫等单位冗员严重，投入巨大，但其产出却无法得到市场的认可。外部性投入与市场需求的缺口，主要是由于政府配置资源的低效率所扭曲。而OECD国家在科、教、文、卫方面的市场化程度较高，可以沿袭前文的思路，建立一个OECD国家数据组成的基础国家模型，进而讨论中国的科、教、文、卫行业的市场化程度达到了基础模型国家的水平时的经济增长率。

经济增长的动力来自技术进步，而技术进步需要的是研发部门的科研成果和企业部门的生产力有效地进行转化。美国的科技成果转化率在《拜杜法案》颁布以后迅速提升。而中国在《科技进步法》颁布以后，科技成果转化率却并没有想象的那么快。由于中国是一个赶超型国家，因此，科研部门的研发成果并不一定适应市场需求：承担追赶国际先进技术水平任务的研发成果，很可能无法得到技术水平较低的国内企业的承接，而迅速与国际接轨的行业（如光伏）则可能无法在国内的科研部门找到相同技术水平的科研成果。因此，不同行业中，科研部门和企业部门之间的技术匹配度，就成为技术转化效率的关键因素。技术缺口越小，技术匹配度就越高，行业的科技成果转化率就越高，生产效率提升就越快。事实上，中国的科技投入呈现"九龙治水"的局面，中央一级预算中的科技支出经由科技部、自然科学基金委、教育部、中国科学院及一些企业的财政口袋支出，彼此之间缺乏协调，研发支出效率无法跟踪计算，也就更加剧了研发部门与企业之间的技术匹配摩擦。

（二）从技术模仿与自主创新角度

技术模仿和技术转移的理论模型最早来自国际贸易理

论，乔纳桑·伊顿和萨缪尔·科滕（Jonathan Eaton and Samuel Kortum，2003）以及马克·J. 梅利茨（Marc J. Melitz，2003）是这方面的代表。这类文献将一个国家内的企业假定为一个生产力的分布，不同的企业有不同的生产力，代表不同的产品竞争力，所有企业的加总就是整个经济的产出。所有企业的技术进步变迁，就是整个国家的技术进步。沿袭这类文献的思路，出现了两个分支探讨生产力分布变化和技术变迁，这类文献其实是异质性厂商的一类。罗伯特·E. 卢卡斯等（Robert E. Lucas et al.）采用的是所有企业都可以进行互相学习的假定；而杰斯·本哈比勃等（Jess Benhabib et al.）采用的则是只有最差的一部分企业才可以进行创新学习，从而进行创造性毁灭的假定。这两种假定带来的直接结果是整个经济体的创新机制不同，加总后的分布变迁规律也截然不同。这类文献目前的理论突破点主要在以下几点：

（1）对生产力边界如何向外推移进行细化。因为先前的文献全部假设生产力边界无限，每一期都存在极小部分的超人，有无穷的生产效率（分布的尾部），这个假定过于牵强，杰斯·本哈比勃等（2015）对生产力边界进行了细化，讨论了生产力最高的那部分企业的研发机制。

（2）不同生产力分布（国家）之间的相互影响机制。不同国家之间的生产力分布相互影响，Fernando Alvarez 等（2014）讨论了国际贸易和国际投资对不同生产力分布之间的影响。

（3）双要素生产力分布。所有生产力分布理论都是只有劳动力这一单要素的生产函数模型，因此，无法刻画金融体系、储蓄、跨期决策等。而如果引入了双要素的生产力分布，不同的企业资本/劳动比不同，资本劳动比的分布变迁就可以刻画了,进而可以打开一种新的考虑结构变迁的思路。但是,目前这方面成熟的文献还未出现。

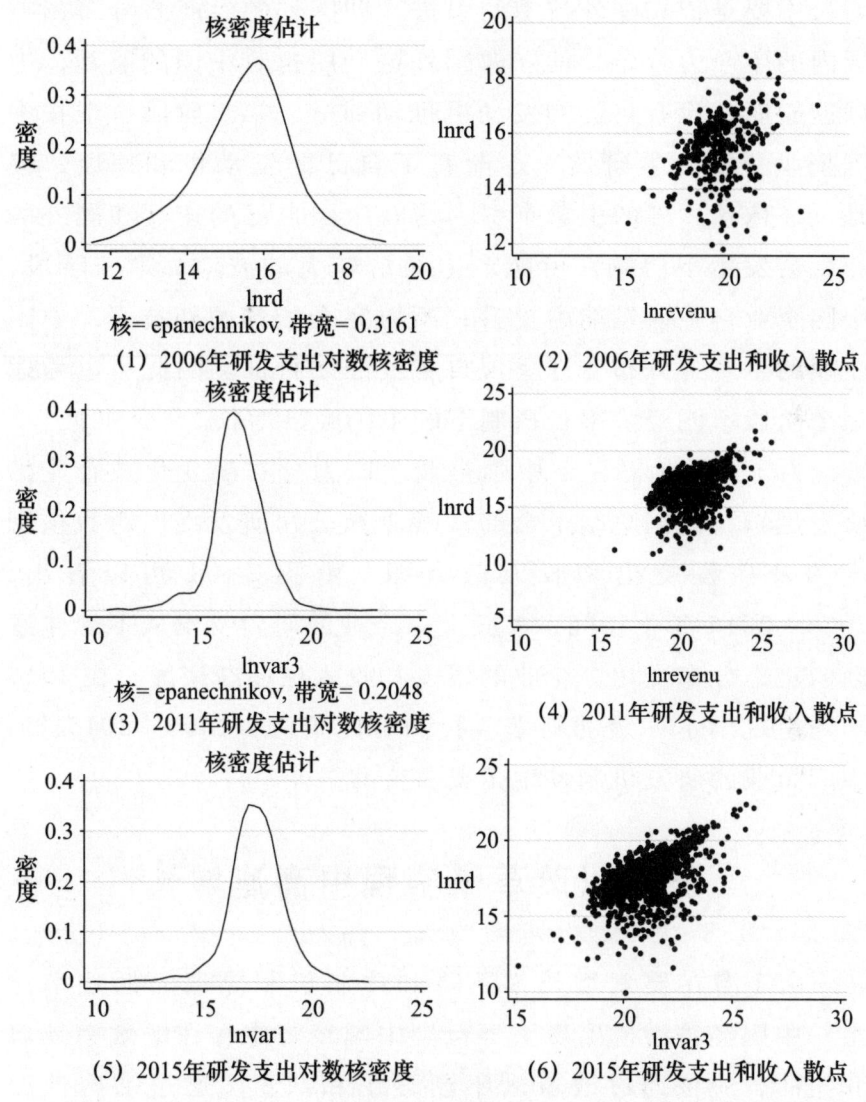

图 2-1 2006—2015 年上市公司研发支出对数核密度及
研发支出和收入散点

资料来源:Wind 数据库及 2006 年、2011 年、2015 年所有 A 股上市公司年报。

从这类文献的思路出发，可以从中国的技术研发换挡角度来研究中国中高速经济增长。第一阶段：中国以前的经济增长主要是依靠国外技术的引进，即国外的生产力分布影响国内的生产力分布，就好像国外这艘船拉着中国的船跑，中国这艘船并没有自己的发动机推动前进。第二阶段：现在中国企业开始自主研发，逐渐有了自己的发动机和速度，但是，还依赖国外的引擎牵引，这时中国自己的速度和国外的速度会发生不协调，可能产生经济较大的波动。第三阶段：中国企业自主研发能力提升，不再完全依赖国外技术，中国企业的生产力分布变迁呈现自主变迁的特征。因此可以考虑三个阶段不同经济增长机制下的中国经济增长。

为了简单地看一下中国企业生产力分布的变化及企业的研发逻辑，我们总结了全部A股上市公司研发支出对数核密度图及研发支出和收入散点图。由图2-1可以看出，2006—2015年十年间，A股上市企业的研发支出从不规律逐渐向正态分布变化，企业的研发和收入也逐渐聚拢，在2015年还呈现出了一定的斜率。我们可以猜测，2006—2015年，中国企业的研发机制发生了显著变化。

（三）以改革来实现中高速增长

由于潜在要素增长率下降和体制机制导致的低效率冲击，中国经济增速出现了下行。中国经济中存在的效率缺口和扭曲，应该通过改革来不断缩小和纠正。通过结构性改革，中国是可以实现中高速增长的。我们提出的主要改革议题如下：

1. 消除隐性担保

由于隐性担保导致国有企业负债过高和地方政府的债务积累，因此，需要逐步取消这种隐性担保机制，从根本上消除债务过度积累的根源，从而提高资本和人力资本的配置效率。

2. 降低杠杆率，提高产业、企业竞争力

国有企业和地方政府的债务高企，使金融风险积累，国外机构和媒体都十分关注。因此，需要实行去杠杆、控制债务规模的政策，但是，同时更需要思考企业和地方政府的自身造血能力，改变这种靠投资拉动增长的粗放型增长模式。就企业而言，需要通过增加研发投入，并且不断地提高其研发效率，来实现生产率增长。就地方政府而言，需要培育当地的产业竞争力，并且走包容性城镇化道路，才能实现财政的可持续性。

3. 提高科、教、文、卫行业的市场化导向性

中国科、教、文、卫行业相对于企业部门，市场化程度较低，资源配置效率更低。虽然这些部门属于有正外部性行业，需要公共部门来提供，但是，由于其投入方向几乎完全由政府决定，导致了投入产出与市场需求存在很大的差距。因此，科、教、文、卫市场并没有如预期的那样产生足够的正外部性，反而由于低效率的配置导致了公共物品的拥挤，并且引发了许多社会问题。在科、教、文、卫部门，应该本着以市场化需求为导向的原则，引入一定的市场化机制，保证科、教、文、卫行业提供的是市场需要的高质量正外部性的公共物品。

4. 提高科技成果转化率

中国的 R&D 投入虽然已经处于 OECD 国家的中游水平了，但是，研发成果和企业部门之间的匹配程度以及科技成果转化效率一直不高，阻碍了企业生产率的提升。这主要是由科技资源配置层面条块分割及科技部门不能与市场有机结合导致的。只有建立统一的科技资源分配机制，完善科技投入跟踪统计制度，才能有效地测算科技资金投入带来的直接效益。另外，引入科技中介制度，使科技成果市场化的路径更为通畅。最后是完善知识产权保护，打击知识产权侵权行为。

三 中国经济增长加速与减缓

改革开放以来，中国经济实现了持续 30 多年的快速增长，人均 GDP 从 1978 年的 190 美元增长至 2013 年的 6560 多美元，成功地实现了从低收入国家向中等收入国家的跨越。但是，经过多年的快速增长，中国经济正向"新常态"过渡，而"新常态"的一个突出特征就是高速增长逐渐过渡为中高速增长。2001—2012 年，中国经济年均增长率为 10.1%，而 2013 年、2014 年和 2015 年，中国经济年均增长率均为 7.7%、7.4% 和 7%。2010 年，中国人均 GDP 达到 4035 美元，按照世界银行 2012 年关于"中上等收入"国家的界定标准（3975 美元），成功地跻身于中上等收入国家行列，同时面临着跨越"中等收入陷阱"的挑战。针对中国当前经济发展现状，如何在中高速增长背景下，借助增速放缓趋势，实现中国经济向中高端发展水平迈进，成为当前学者关注的焦点。

（一）增长加速与减缓的界定

本书借鉴豪斯曼等（Hausmann et al., 2005）以及艾森格林等（Eichengreen, 2011）关于增长加速和增长减缓的界定，同时考虑我们重点关注中国以及各省份的经济波动情况，放宽对人均 GDP 的约束，界定增长减缓和增长加速的时间点分别需要满足以下条件：

$$g_{t-n,t} \geq \Gamma, \quad \Delta g = g_{t-n,t} - g_{t,t+n} \geq \Lambda, \quad y_t \in [y_1^*, y_2^*] \quad (3-1)$$

式中，g_t 为依据 2005 年不变价格测算的 GDP 增长率，$g_{t-n,t}$ 和 $g_{t,t+n}$ 分别表示 $t-n$ 到 t 时间段以及 t 到 $t+n$ 时间段 n 年间 GDP 年均增长率平均值。考虑到很少国家连续七年经济加速增长或经济减缓增长，因此，我们取 $n=7$（Eichengreen et al.，2012）。第一个条件要求经济增长减缓之前的七年平均增长率不低于 Γ；第二个条件要求经济增长减缓下降的幅度不低于 Λ；第三个条件限定经济增长减缓发生在某一收入区间内，考察经济增长进入一定的收入门槛之后是否发生经济增长转折。

同理，筛选出增长加速的时间点必须满足的条件为：

$$g_{t,t+n} \geq \Gamma, \quad \Delta g = g_{t,t+n} - g_{t-n,t} \geq \Lambda, \quad y_t \in [y_1^*, y_2^*] \quad (3-2)$$

式中，第一个条件要求经济增长加速之后的七年平均增长率不低于 Γ；第二个条件要求经济增长加速上升的幅度不低于 Λ；第三个条件限定经济增长加速发生在某一收入区间内。其中，GDP 年均增长率数据来源于世界银行世界发展指标（World Development Indicator，WDI）数据库，时间跨度为 1960—2012 年。

根据上述对增长减缓和增长加速的界定，同时考虑到艾森格林等（2012）的设定（$\Gamma=3.5\%$；$\Lambda=2\%$）对跨国数据分析得到了较好的拟合效果，因此，我们以此为依据，对中国 1960—2012 年数据进行筛选，计算结果见表 3-1。

通过对表 3-1 分析发现，1960—2012 年，中国经济增长共有 6 个增长减缓的时间点。这 6 个经济增长减缓的时间点主要分布在 20 世纪 70 年代（1970 年、1971 年和 1975 年）和 90 年代（1996 年、1997 年和 1998 年）。而中国经济增长共有 14 个增长加速时间点，其中，20 世纪 60 年代有两个（1967 年和 1968 年）；20 世纪 70 年代有 3 个（1977 年、1978 年和 1979 年）；20 世纪 80 年代有 4 个（1980 年、1981 年、1982 年和 1983 年）；20 世纪 90 年代有两个（1991 年和 1992 年）；21 世纪有 3 个（2002 年、2003 年和 2004 年）。

表 3-1　　　　　　　　选出增长减缓和加速的时间点

y_t	g_t	$g_{t-n,t}$	$g_{t,t+n}$	$\Delta g = g_{t-n,t} - g_{t,t+n}$	t
筛选的增长减缓时间点					
144.593	19.4	9.914	6.786	3.128	1970
150.522	7	8.652	5.1	3.552	1971
172.065	8.7	9.429	6.714	2.715	1975
846.871	10	10.743	8.643	2.1	1996
916.205	9.3	11.529	8.643	2.886	1997
978.237	7.8	11.329	8.757	2.572	1998
筛选的增长加速时间点					
117.1499	-5.7	2.048	6.457	-4.409	1967
109.4515	-4.1	5.334	7.6	-2.266	1968
176.954	7.6	5.1	8.557	-3.457	1977
195.031	11.7	5.771	9.643	-3.872	1978
207.072	7.6	6.314	9.9	-3.586	1979
220.442	7.8	6.3	10.071	-3.771	1980
228.953	5.2	6.714	10.614	-3.9	1981

续表

y_t	g_t	$g_{t-n,t}$	$g_{t,t+n}$	$\Delta g = g_{t-n,t} - g_{t,t+n}$	t
246.136	9.1	6.771	11.486	-4.715	1982
269.049	10.9	8.557	10.771	-2.214	1983
498.832	9.2	8.9	11.529	-2.629	1991
562.727	14.2	9	11.329	-2.329	1992
1307.651	9.1	8.643	11	-2.357	2002
1429.485	10	8.643	11.014	-2.371	2003
1564.543	10.1	8.757	11.071	-2.314	2004

注：时间跨度为 1960—2012 年。

资料来源：世界银行世界发展指标（WDI）数据库。

（二）增长减缓与经济周期波动

进一步关注中国经济减缓情况，由于中国当前人均收入水平较低，所以，我们放松对收入的约束。借助全国经济增长的时间序列数据（时间跨度为 1952—2013 年），筛选出中国经济增长减缓和增速周期波动的时间点，具体如表 3-2 所示。

由表 3-2 可以看出，1952—2013 年共计 62 年时间，我国经济增长在经历周期性波动的同时共出现 10 次经济减缓拐点。在此期间，我国经济增长路径中经历了三次连续减缓过程，分别为 1958—1960 年、1970—1971 年以及 1996—1998 年。在每一次经历连续减缓过程之后都会达到经济增长周期的谷底，如经历三年连续减缓后，1961 年和 1999 年分

表 3-2　　　　　　　　　计算出增长减缓时间点

减缓拐点					经济周期谷值点			
y	g	Δg	t	频数	y	g	t	频数
—	21.3	6.08	1958		124.692	-0.3	1961	
—	8.8	7.96	1959		117.149	-5.7	1967	
124.692	-0.3	5.41	1960		161.114	2.3	1974	
144.593	19.4	3.128	1970		166.712	-1.6	1976	
150.522	7	3.552	1971	10	463.080	3.8	1990	7
172.065	8.7	2.715	1975	(62)	1043.508	7.6	1999	(62)
846.871	10	2.1	1996		2611.398	9.2	2009	
916.204	9.3	2.886	1997					
978.237	7.8	2.572	1998					
2403.314	9.6	2.314	2008					

别处在经济增长的谷底；有些谷底甚至在连续两年甚至一年的增长减缓后出现，如1976年和1999年的情形。这表明，增长减缓伴随着我国经济增长的波动过程同时发生。2008年，中国经济再一次面临减缓拐点，经济增长率随后开始呈现加速下滑态势。由于增长惯性，尽管2010年中国经济增长率达到10.4%的峰值，但随后经济增长下滑趋势显著，其后三年经济增长率分别为9.3%、7.8%和7.4%，2014年甚至降至7.1%的水平。这表明，尽管中国经济经历快速增长过程，但一旦出现经济减缓拐点，而且如果没有能够扭转这一趋势的稳定增长动力存在，那么经济增长持续下滑将成为可能。已有学者对经济增长减缓拐点的出现引致增长持续下滑现象进行证实，例如，Aiyar等（2013）的研究表明，经济减缓拐点的出现意味着经济增长将可能持续偏离稳定增

长路径，并且他们将"中等收入陷阱"和增长减缓联系在一起，把"中等收入陷阱"作为经济增长减缓拐点的特例。同时，艾森格林等（2012）预测，如果按照经济增长前后七年2%的减缓幅度计算，预计2015年中国将再一次出现经济减缓拐点。

（三）中国各省份的增长变动情况

这一部分筛选出中国各省份经济增长加速和增长减缓的时间点，见表3-3。由表3-3中数据可以发现，中国各省份的增长加速往往伴随着增长减缓过程同时发生，而且多数省份都有连续增长加速和连续增长减缓的状况发生。一些省份会在同一时间段经历增长加速或增长减缓，如1963—1966年为增长加速较为集中的时间段，1957—1961年发生增长减缓的省份较多。

以上计算结果表明：第一，1960—2012年，中国经济增长虽然出现较多年份增长加速时期，但部分年份也出现过连续的经济增长减缓时期，并且总体来看，中国的经济增长呈现出周期性的波动态势。第二，不管是经济增长加速时间点，还是经济增长减缓时间点，基本上都是在连续时间出现的。这些结果表明，中国的经济增长呈现出"惯性"特征，也就是说，如果中国的经济增长处于减缓时间，在没有引致中国经济增长其他因素的情况下，很有可能出现连续增长减缓的情况。

表3-3 计算出中国各省份经济增长减缓和增长加速的时间点

区域	省份	增长减缓时间点	增长加速时间点	省份	增长减缓时间点	增长加速时间点
东部地区	北京	1957—1962年、1970—1971年、1975年、1985年、1987—1988年	1963—1969年、1977年、1981—1983年、1990—1992年	江苏	1968年、1973年、1987—1988年、1995—1998年	1961—1965年、1976—1979年、1984年、1991—1993年、2002—2004年
	天津	1957—1961年、1971—1974年、1985—1988年、1997年	1963—1968年、1976—1980年、1990—1994年、2001—2006年	辽宁	1957—1961年、1971—1974年、1976年、1987—1989年	1962—1969年、1979—1984年、1991—1992年、2000—2005年
	河北	1957—1960年、1969—1971年、1978—1979年、1996—1999年	1962—1966年、1982—1984年、1990—1993年、2002—2003年	上海	1957—1962年、1969—1971年、1985—1986年、1997—1998年	1963—1967年、1976—1977年、1990—1994年
	浙江	1957—1960年、1985—1988年、1995—1998年	1962—1965年、1968—1969年、1975—1980年、1990—1993年、2001—2002年	山东	1957—1960年、1969年、1985年、1995—1998年	1961—1966年、1975年、1977—1979年、1981—1983年、1989—1992年、2001—2004年
	福建	1957—1961年、1985年、1995—1999年	1962—1966年、1968—1969年、1975—1980年、1989—1992年、2002—2006年	广东	1957—1959年、1967年、1994—1998年	1961—1964年、1971—1972年、1976—1984年、1989—1991年、2001—2003年
	海南	1985—1986年、1993—1997年	1987—1991年、1999—2006年			

续表

区域	省份	增长减缓时间点	增长加速时间点	省份	增长减缓时间点	增长加速时间点
中部地区	山西	1957—1961年、1971年、1974年、1985—1988年	1964—1966年、1968—1969年、1976—1981年、1990—1994年、2000—2003年	吉林	1957—1961年、1971年、1974—1975年、1986—1989年、1997年	1965—1966年、1969年、1977—1983年、1991—1994年、2002—2006年
	江西	1957—1961年、1970—1973年、1986年、1997年	1963—1967年、1975—1979年、1981年、1991—1992年、2000—2005年	河南	1957—1959年、1967—1971年、1985—1988年、1996—1998年	1961—1965年、1976—1980年、1982年、1990—1993年、2002—2005年
	安徽	1957—1960年、1972—1975年、1985—1988年、1996—1999年	1961—1966年、1977—1983年、1990—1994年、2002—2006年	湖南	1957—1961年、1977年、1985—1988年、1996—1998年	1962—1966年、1976—1978年、1991—1993年、2002—2006年
	黑龙江	1958—1961年、1967—1971年	1962—1966年、1973年、1976—1977年、1993—1994年、2002—2004年	湖北	1957—1961年、1977年、1985—1988年、1996—1998年	1962—1966年、1968—1970年、1976年、1981—1982年、1990—1993年、2002—2006年
西部地区	甘肃	1957—1959年、1967年、1973—1978年、1987—1989年	1961—1965年、1969—1970年、1981—1984年	陕西	1957—1960年、1970—1975年、1987—1990年	1962—1969年、1977—1984年、1994—1995年、2002—2006年

续表

区域	省份	增长减缓时间点	增长加速时间点	省份	增长减缓时间点	增长加速时间点
西部地区	四川	1957—1959年、1967—1968年、1985—1986年、1996—1997年	1961—1965年、1972—1977年、1990—1992年、2001—2006年	青海	1957—1961年、1974—1976年、1985—1989年	1962年、1964—1969年、1979—1983年、1991—1994年、1999—2003年
	重庆	1957—1960年、1967年、1982年、1985—1986年、1995—1998年	1962—1964年、1969—1970年、1972—1973年、1975—1978年、1989—1992年、2002—2006年	内蒙古	1957—1961年、1967年、1973年、1975年、1985—1988年	1962—1963年、1965年、1969—1970年、1972年、1977—1982年、1991—1994年、1999—2005年
	贵州	1957—1960年、1971—1972年、1982年、1984—1989年	1962—1970年、1974—1979年、2001—2006年	新疆	1957—1963年、1994—1996年	1970年、1972—1978年、1981年、1983年、2001—2003年
	云南	1957—1960年、1973—1974年、1996—1998年	1961—1965年、1968—1969年、1976—1981年、2002—2006年	广西	1957—1961年、1972—1975年、1994—1998年	1964—1970年、1977—1978年、1980年、1988—1992年、2001—2006年
	西藏	1961年、1963—1968年、1981—1986年、1998年	1957—1959年、1971—1973年、1975—1980年、1988年、1990—1995年	宁夏	1957—1961年、1971—1976年、1986—1990年	1964—1966年、1968—1969年、1980—1984年、2002年

注：时间跨度为1960—2012年。

资料来源：中国各省份GDP年均增长率数据来源于历年《中国统计年鉴》。

（四）中国经济加速增长区域转移情况

表3-4计算出中国各省份1952—2013年经济增长路径的增长加速拐点频数及其加速过程中地区的转移情况。表3-4计算结果显示，整体来看，各个省份经济增长路径都经历频繁的加速过程，但是，对比而言，在2003年之后，我国经济增长加速过程发生了地区转移。发达地区和沿海地区的经济增长加速期消失，经济增长趋于稳定，但是，中西部省份依然出现持续经济增长加速阶段。

表3-4　　　　　中国加速过程区域转移情况

计算出加速拐点频数及波动情况					
省份	{加速}；[波动]	省份	{加速}；[波动]	省份	{加速}；[波动]
北京	{14}；[6, 4]	安徽	{23}；[6, 5]	黑龙江	{22}；[2, 1]
上海	{12}；[4, 2]	江西	{19}；[5, 5]	四川	{20}；[4, 4]
江苏	{16}；[7, 4]	河南	{19}；[3, 3]	贵州	{21}；[7, 4]
浙江	{18}；[6, 4]	湖北	{22}；[5, 5]	云南	{18}；[5, 5]
山东	{21}；[6, 4]	湖南	{16}；[5, 6]	河北	{15}；[5, 5]
辽宁	{17}；[5, 2]	广东	{20}；[6, 3]	陕西	{23}；[7, 4]
吉林	{19}；[6, 5]	广西	{21}；[3, 2]	福建	{22}；[7, 3]
加速过程区域转移情况					
省份	2003年之前加速过程	2003年之后加速过程	省份	2003年之前加速过程	2003年之后加速过程
发达地区及沿海地区					
北京	14	0	江苏	16	0
上海	12	0	浙江	18	0
广东	20	0	全国	10	2

续表

省份	2003年之前加速过程	2003年之后加速过程	省份	2003年之前加速过程	2003年之后加速过程
中西部省份					
辽宁	14	3	湖南	12	4
吉林	15	4	广西	17	4
黑龙江	19	3	重庆	16	4
安徽	19	4	四川	16	4
江西	15	4	贵州	17	4
河南	16	3	云南	14	4
湖北	18	4	陕西	19	4

注：表中数值为加速拐点频数。

数据显示，近年来，中部和西部地区经济增速加快。2007年，西部地区经济增速首次超过东部地区。2008年，中部和西部经济全面加速，均超过东部增长水平。截至2013年年底，中部和西部地区经济同比分别增长9.36%和10.97%，已经比东部分别高出0.15个和1.73个百分点。这表明，中国经济加速增长已经从沿海地区和发达地区向中西部地区转移。究其原因，主要体现在以下几个方面：

1. 区域产业梯度转移是重要动力之源

这主要表现在当前加速向中部和西部地区转移的产业主要是以重化工业为主的制造类产业。随着产业转移的不断进行，产业梯度分布也发生了变化，留在东部地区的产业主要为附加值较高的服务业或轻工类产业，而这类产业的增长速度往往不及工业产业高，从而表现在东部省份增长速度低于中西部省份的增长速度。

2. 随着中西部地区经济增长速度的加快，我国经济增长的重心也在不断发生变化

首先，中西部地区所占 GDP 份额不断提高，并呈现不断递增的趋势。截至 2013 年，中西部地区所占 GDP 份额已高达 46.16%。

其次，中西部地区吸收外资的引力不断增强。2010 年，中西部地区吸收外资比重由 11.2% 上升到 13.7%；到 2013 年，中西部地区吸收外资增速已经超过东部地区。与此同时，江西、湖南、四川、重庆、河南、吉林等一批内陆开放高地正在形成，这种内在的驱动力进一步导致中西部地区外资引力的加强。当前，境内外资本正加速向中西部地区流动，东部沿海地区的很多产业也加速转移至中西部地区。

3. 资源禀赋的比较优势是中西部经济加速增长的切入点

中西部地区拥有资源优势以及人力成本低于东部的优势，这些比较优势使中西部地区省份能够有效地参与国际竞争，内在地推动经济快速增长。不仅如此，中西部地区省份也在不断加快人才培养，实现人才供需的有效对接，从而有利于保障经济增长的可持续性。而高铁的飞速建设又拉近了中西部省份与东部地区市场的距离，缩短了中西部地区和东部沿海地区城市间的交通距离，改变了中西部地区和东部沿海地区城市间的空间结构，进而带动了中西部地区相关产业的发展。

4. 除西部大开发、中部崛起政策优势外，加速协调发展政策也是经济加速增长向中国西部地区转移的又一原因

我国地区经济发展格局，从最早的以东部地区为主的"一马当先"式的增长战略，到当前中西部地区全面加速发展，实现各地区协同并进式的增长战略转变。我国地区收入差距在不断缩小，地区协同发展正加速进行。与此同时，在我国"十二五"时期、"十三五"时期强调经济转型和结构调整的大背景下，加快产业转移，促进地区协调发展以及基本公共服务均等化进程的加速，都将给中西部地区实现经济加速增长带来新的机遇。

四 中国经济发展现状及阶段性特征

（一）中国经济发展现状

中国经济自改革开放后经历了持续高速增长，但中国经济增长和劳动生产率的改进长期处于资本驱动的主导之下，对投资和初级劳动力资源的使用，激发了工业化时期的产出扩张活力。但是，随着劳动力人口拐点的出现和国内外市场的饱和，原有以生产为核心、以要素粗放使用为动力的工业化模式，越来越受到边界约束，特别是现有粗放型物质资本积累路径不断遇到边际收益递减刚性约束，投资也因此不断地被挤出生产领域，进而对现有工业化结构和劳动生产率增长方式带来持续的冲击。

1. 中国工业化的初始条件和增长路径依赖导致 TFP 贡献长期偏低

中国初级要素依赖的工业化过程，挤压了效率改进空间。劳动生产率和经济的高增长，由资本投入的高增长主导。改革开放至今将近 40 年的增长中，资本投入对经济增长的贡献，一直维持在 70%—80% 的水平，综合考虑资本和劳动力对增长的贡献之后，效率改进对经济增长的贡献大致维持在20%—30%的水平。显然，这种较低的TFP贡献，是中国资本驱动的增长模式的特定现象。

（1）资本存量增长持续加速。表4-1显示，在经济持续超高速增长的1985—2007年，资本存量平均增长速度为11%，不论与哪个发展阶段相似的国家相比，这个资本积累速度都是绝对高的。2008—2015年，虽然中国的潜在增长速度下降了，但是，资本存量的增长速度仍然维持在11%—12%的高水平。

表4-1　　　　　　　生产函数分解及趋势预测

	历史：峰—峰：1985—2007年	现状：2008—2015年	预测：2016—2019年
[1][潜在增长（生产函数拟合）三因素]（%）	10.10	8.54	6.30
[2]资本投入（K）：弹性	0.6	0.6	0.55
[3]资本贡献份额=（[2]×[8]）/[1]（%）	68.72	82.20	76.60
[4]劳动投入（L）：弹性	0.4	0.4	0.5
[5]劳动贡献份额=（[4]×[11]）/[1]（%）	6.17	1.69	-7.25
[6]TFP：增长率（%）	2.88	1.38	2.00
[7]TFP贡献份额=100-[3]-[5]（%）	27.94	16.16	30
[因素细分]			
[8]资本投入增长率（k=dK/K）=[9]×[10]（%）	11.13	11.70	9.50
[9]（净）投资率（I/Y）（%）	21.32	36.00	
[10]资本效率（Y/K）	0.52	0.34	
[11]劳动投入增长率（l=dL/L）=[12]+[13]（%）	1.50	0.36	-0.90

续表

	历史：峰—峰：1985—2007 年	现状：2008—2015 年	预测：2016—2019 年
[12]劳动年龄人口增长率(pop_l)(%)	1.58	0.61	-0.40
[13]劳动参与率变化率(θ_L)(%)	-0.07	-0.24	-0.50
[14]劳动生产率增长率			
[15]劳动生产率($y = Y/L$)增长率=[16]+[17](%)	8.54	8.16	
[16]资本效率(Y/K)增长率(%)	-0.89	-4.19	
[17]人均资本(K/L)增长率(%)	9.43	12.35	
[城市化]			
[18]城市化率(%)	33	51	58*
[19]15 岁以上人口平均教育年限：8.1 年(2010 年)			
[20]15 岁以上人口初等和中等教育程度比重：85%(2010 年)			

注：*资本投入增长率的估计，系根据城市化率与投资增长率的倒"U"形关系计算。

资料来源：BL2013_MF_V1.3。

（2）资本边际收益持续递减。经济增长长期依赖投资驱动导致资本边际报酬递减，而且报酬递减和低增长的不良循环以及中国资本驱动模式路径依赖的低效率问题越来越明显。1985—2007 年，资本效率（Y/K，即 GDP 与当年投资之比）为 0.52，至 2008—2015 年，仅为 0.34。

资本投资高增长赖以存在的基础是庞大的初级劳动力资源，劳动力规模、资本规模共同推动了经济规模扩张，这种以提取低素质劳动力和人口红利为特征的工业化模式，本身不具有效率持续改进的内生机制。

（1）人口红利的特征是低素质和数量型。与这种人力资源相对应的效率改进方式是"干中学"和"投中学"，技术进步的最大特点是外生性。1985年以来，尤其是持续超高增长时期，中国劳动力供给增长速度为1.5%，与相似工业化阶段的国家比较，这个速度并不低，但是，增长的劳动力供给主要以初级和中等教育程度为主。这种劳动力适合于标准化、规模化的工业大生产。

（2）熟练技术工人的培育，是工匠精神的源泉，但是，中国现阶段准备不足，TFP贡献偏低的问题必须在短期内扭转，不然经济将面临长期调整的风险。

2. 要素产业配置方式从边际和存量两个方向上挤压效率提升

中国资本和劳动力的产业配置过程中，也发生了长期抑制效率改进的问题，如表4-2和表4-3所示。当前表现出的主要趋势是：1995年以来，第二产业和第三产业劳动生产率均呈现上升趋势，劳动生产率分别从1995—2007年的3.59%和2.55%增长至2015年的12.36%和10.48%，但是，劳动生产率增长率下降明显，2015年，第二产业和第三产业劳动生产率增长率仅为3%和7%。

表4-2　　　　　中国第二产业和第三产业劳动生产率情况

年份	产出增加值（亿元）[1] 第二产业	[2] 第三产业	就业人数（万人）[3] 第二产业	[4] 第三产业	第二产业劳动生产率（%）[1]÷[3]	第三产业劳动生产率（%）[2]÷[4]
1995—2007	60434	52736	16850	20659	3.59	2.55
2008	149957	136806	20553	25087	7.30	5.45
2009	160171	154748	21080	25857	7.60	5.98
2010	191630	182038	21842	26332	8.77	6.91
2011	227039	216099	22544	27282	10.07	7.92
2012	244643	244822	23241	27690	10.53	8.84
2013	261956	277959	23170	29636	11.31	9.38
2014	277572	308059	23099	31364	12.02	9.82
2015	280560	344075	22693	32839	12.36	10.48

表4-3　　　　　　　劳动生产率增长率情况　　　　　　　单位：%

年份	1996—2007	2008	2009	2010	2011	2012	2013	2014	2015
第二产业	10.9	16	4	15	15	5	7	6	3
第三产业	12.04	15	10	16	15	12	6	5	7

（1）边际方面。工业行业的资本深化依然较快，由于在资本深化的同时伴随着劳动生产率的持续下降，因此，工业行业的效率改进较慢或几乎没有改进。表4-4进一步将第二产业细分为工业和建筑业，分别考察其劳动生产率的变化情况。由表4-4可知，2003年以来，工业劳动生产率持续上升，建筑业劳动生产率基本也呈现上升趋势，但工业上升幅度明显大于建筑业。如表4-4所示，工业劳动生产率从2003年的4.27%上升至2015年的15.18%，增长幅度超过2.5倍；建筑业劳动生产率从2003年的2.62%上升至2015

年的6.46%，增长幅度为1.47倍。同时，大量低素质劳动力涌入第三产业，导致服务业资本浅化，这是服务业效率无法改进的主因，很多观点都强调发展现代服务业以促进效率改进，但是，受制于低素质劳动力的累积，这个调整过程估计比较艰难。

表4-4　　　　中国第二产业细分的劳动生产率情况

年份	产出增加值（亿元）		就业人数（万人）		工业劳动生产率(%)	建筑业劳动生产率(%)
	[1]工业	[2]建筑业	[3]工业	[4]建筑业	[1]÷[3]	[2]÷[4]
2003	55656	7558	13040	2887	4.27	2.62
2004	66031	8739	13715	2994	4.81	2.92
2005	78299	10490	14438	3328	5.42	3.15
2006	92603	12508	15283	3611	6.06	3.46
2007	112417	15673	16225	3961	6.93	3.96
2008	132599	19171	16436	4118	8.07	4.66
2009	138585	23039	16592	4488	8.35	5.13
2010	165212	27260	17050	4792	9.69	5.69
2011	194742	33272	16791	5752	11.6	5.78
2012	207501	36745	16795	6446	12.35	5.70
2013	220240	41072	15828	7342	13.91	5.59
2014	231187	45078	15736	7363	14.69	6.12
2015	235184	46546	15488	7205	15.18	6.46

注：细分第二产业为工业和建筑业的就业人数数据依据"按行业分城镇单位就业人员数（年底数）"数据比例估算而得。建筑业就业份额＝建筑业城镇单位就业人数/[采矿业+制造业+电力热力燃气及水生产和供应业+建筑业]就业人数；工业就业份额＝1－建筑业就业份额。

（2）存量方面。无论是工业部门还是服务业部门，均存在低素质劳动力过度拥塞的问题，尤其是中国工业和服务业部门效率不平衡状况严重。2008年，两部门劳动生产率差距的缩小，是在工业劳动生产率下降情况下发生的。

第一，工业作为中国重要经济增长引擎之一，依然是未来较长时期的趋势，但是，问题不在于多少增加值比重的工业主导经济，而在于什么结构的工业主导经济。改革开放至今，中国工业化迅速完成了进口替代的容易阶段和出口导向的容易阶段，目前正处于向进口替代的困难阶段，也就是以自主创新为基础的中间品发展阶段的过渡，容易阶段与困难阶段的最大区别在于前者可以"干中学"，可以借助于初中等教育程度的劳动力，但是，困难阶段行不通。中国现阶段出现的艰难的行业过剩调整，本质上是工业行业结构转换的内在要求，特定经济环境下过剩生产能力暂时的改善，并不能掩盖低素质工业行业向"中间品生产困难阶段"转型的内在要求。也就是说，原有工业模式正在面临结构和性质上的系统调整，依靠边际改进不可能促进效率的实质性改进。

第二，服务业作为经济增长的另一个重要引擎正在发挥作用，但是，问题不在于多少增加值比重的服务业推动新常态，而在于什么结构的服务业推动经济发展。中国服务业难以促进效率改进的问题在于：传统思维认为，服务业是工业发展分工的结果，服务业发展是被动的，这种思维下的服务业发展就是传统交通运输等服务业行业的发展，只为满足工业和人民基本的生活消费服务。这种思维和实践一直主导着中国服务业发展至今。2003年以来，农业部门作为劳动力蓄水池的作用发生了变化，大规模剩余劳动力贮存基本消失，农业部门每年的就业增量持续出现大幅度下降，与此同时，就业吸收能力较强的服务业部门已经接替农业部门成为新的劳动力蓄水池。鉴于中国传统服务业比重较大的特征，在劳动力和资本向服务业部门配置过程中，不可能出现大规模工业化时期那样的劳动生产率增长速度，结构性减速是必然趋势。在当前发展阶段，如果不能实现服务业全要素生产率改进，提高服务业效率，则随着工业化向城市化过程的转变，这一趋势将更加恶化。因此，要想实现工业从容易阶段向深加工度化或"中间品生产困难阶段"的转型，以人力资本为依托的现代服务业的发展必须作为独立部门和工业结构优化的条件而存在。只有实现工业和服务业效率持续改进，才能真正实现经济由中高速增长向中高端发展水平的迈进。

（二）中国经济增长阶段性特征

1. 第一阶段：1949—1978 年

1949 年新中国成立具有划时代的历史意义，这主要体现在：首先，社会政治秩序得以改变；其次，经济增长速度迅速加快；最后，中国的地缘政治地位得以明显改善。1952—1978 年，中国经济出现了明显的加速，经济结构的显著改变使 GDP 增长了 3 倍，人均收入提高了 80%。尽管如此，中国经济并没有沿着稳定持续的路径增长，经济增长变动频繁。其根本原因有以下几个方面：

第一，大规模的政治运动对经济发展产生了严重的冲击。就国内而言，中国先后经历了所有制形式的变动、"大跃进"以及"文化大革命"的自我创伤。与此同时，中国还经历了朝鲜战争、中苏关系破裂等强烈的外部冲击。

第二,生产规模过于庞大,而生产规模的随意更改使经济增长不稳定。比如,1957年中国拥有家庭农场1.3亿户,而到1958年则被重新改造成2.6万个人民公社,平均每个公社要容纳6700人。如此庞大的生产规模对经济增长带来了灾难性后果。而与此同时,生产规模在工业和服务业发展中同样也强调大型化。除此之外,政府政策也在随意更改生产规模,这又使经济增长失去了稳定的内部增长环境。

第三,中国经济增长的市场力量极其微弱,政府对资源的配置主要通过各种行政指令和规定进行操作,其结果是拥有庞大的存货却忽视了消费者的福利,与此相伴随的是生产率低下和增长不稳定。

2. 第二阶段:1978—2003年

由于改革时期的成功政策,比如,土地使用权和经营权转向农民的政策、发展小规模工业政策、实施对外开放政策等,中国人均收入在1978—2003年实现了年均6.6%的速度增长,比欧美国家平均1.8%的增长速度高出4.8个百分点。中国人均GDP占世界平均水平的比重从22%上升至74%,占世界GDP的份额也从5%上升至15%,中国成为世界上仅次于美国的第二大经济体。在此阶段,中国经济也呈现出不稳定的增长态势。就1978—2003年而言,中国经济增长的不稳定主要表现在引致经济加速增长的同时,阻碍经济增长的因素众多。

第一,存在大量的低效率国有企业,并且大部分国有企业是亏损的,这些国有企业完全依靠政府补贴和向国有银行拖欠才得以运营。

第二，改革初期脆弱的金融体系。尽管改革初期出现了居民储蓄的爆炸式增长和经济的迅速货币化，但是，该时期的金融体系是不稳定的，并且存在大规模的不良贷款。

第三，改革初期虚弱的财政地位。1978—1995年，政府税收占GDP比重由31%降到了10%。同时，由于对地方政府提供的各种各样的税收优惠，以及国有企业收入的大幅度下降，进一步影响了纳税基础。这种虚弱的财政地位严重影响了社会保障、公共和教育设施的建设。除此之外，能源与环境问题、法律制度和私人产权问题以及地区间和城乡收入差距问题都是影响经济不稳定增长的因素。

3. 第三阶段：2003—2011年稳定高速增长时期

2003—2011年，中国经济处于稳定高速增长阶段，此期间经济增长率稳定在10%左右。伴随着党的十六大的召开，在科学发展观的引领下，我国转变经济发展方式的步伐不断向前迈进，成功地实现了经济发展由"快字当头"向"好字优先"的有序转化。与此同时，经济结构的战略性调整一直被作为转变经济发展方式的主攻方向，强调要在发展中促成转变、在转变中谋求发展，大力推动经济结构调整，进一步增强中国经济发展的全面性、协调性和可持续性。主要归纳如下几个方面：

第一，强调要扩大国内需求，通过拉动国内、国外需求以增强经济增长的协调性；

第二，积极推进节能减排和生态建设，增强了经济发展的可持续性；

第三，强调科技创新，使创新对经济增长的支撑作用逐步显现；

第四，完善、落实区域发展政策，使区域发展呈现出良性互动的态势；

第五，注重改善民生，社会发展呈现和谐稳定的新气象。

4. 第四阶段：2011 年之后逐步过渡至"新常态"时期

2003—2012 年中国经济年均增长率为 10.1%，而 2013 年、2014 年和 2015 年中国经济年均增长率分别为 7.7%、7.4% 和 6.9%。

（三）国际增长经验对中国的启示

2013 年，中国人均 GDP 达到 6560 美元，按照世界银行 2012 年对中上等收入国家的界定标准（3975 美元），成功地跻身中上等收入国家行列。而以 2005 年不变美元衡量人均 GDP，中国 2013 年仅为 3583.38 美元。在当前发展阶段，中国既面临难得的历史机遇，也将面对诸多可预见或难以预见的风险和挑战。通过对中等收入阶段成功实现经济转型的典型国家和地区（如亚洲"四小龙"）的经验借鉴，以及仍在中等收入阶段摸索但增长领先于中国的国家和地区（如东南亚、拉美和部分"金砖国家"）发展路径的总结，可以更清楚地认清中国面临的经济形势，对中国当前经济增长问题大有裨益。因此，我们以美国及亚洲"四小龙"国家和地区为参照系，结合东南亚及拉美部分国家和地区，同时考虑中国增长基数较低的现实（20 世纪 60 年代初的人均 GDP 还不足 100 美元），加入博茨瓦纳和赤道几内亚两个起点较低同时增长较快的国家，通过对这些国家出现经济连续减缓时对应的增长率和收入水平进行分析与归纳，为中国应对当前增长问题提供参考。

1. 控制减缓下降幅度，调整平均增长率

我们首先控制经济增长下降幅度为2%，同时放松收入区间的约束，通过调整平均经济增长率来考察各国经济增长路径的阶段性特征。由表4-5可以看出，整体而言，各个国家发生增长减缓都集中在某个增长率区间内，一旦增长率达到一定水平，发生增长减缓的可能性就会增加。比如，亚洲国家和地区集中在8%—11%的区间发生增长减缓；拉美国家主要集中在3%—5%范围内发生增长减缓。整体而言，成功实现向高收入阶段跨越国家和地区（以亚洲"四小龙"为主）发生增长减缓对应的增长率水平高于出现增长停滞的国家和地区（主要是拉美国家）。

中国发生增长减缓对应的增长率水平略高于其他国家和地区，集中在8.5%—11%。虽然当前中国经济增长率处在7%左右的水平，但是，由于2011年之前较长一段时间中国经济一直保持着两位数增长速度，当前平均增长率水平仍然较高。若以2014年7.1%的增长率水平计算，当前平均增长率为8.7%，正处于发生增长减缓概率较大的区间内，当前中国正面临经济增长的"换挡期"。这也与学者对中国未来经济增长的预测相吻合，中国经济增长前沿课题组预测，未来五年预期增长率为6.4%—7.8%；国务院发展研究中心"中长期增长"课题组预测，未来十年平均增长速度为6.5%左右。由此可见，当前中国面临增长减缓的趋势在所难免。然而，像中国这样一个大国，如果出现增长率持续下跌，跌至较低的水平再想恢复就会变得异常困难，因此，要

表4-5 经济减缓区间国家和地区比较

增长率(%)	2—3	3—3.5	3.5—4	4—4.5	4.5—5	5—5.5	5.5—6	6—6.5	6.5—7	7—7.5	7.5—8	8—8.5	8.5—9	9—9.5	9.5—10	10—10.5	10.5—11	>11
中国		6	2		3								2	1	1	1	2	
美国				3										1				
韩国											2	2	1	1	2	1	7	
新加坡					2					3					3			
中国香港							1	1	1									
马来西亚							1				1	2		5				
泰国								2			1	1	1	1	2			
南非									3				2					
俄罗斯																		
巴西			1	2	3				1	1	1	1	1			3	1	
智利		4									4	2						
阿根廷			1	1	3	1												
哥伦比亚				2	3													
乌拉圭			2	3	2													
赤道几内亚											1							10
博茨瓦纳															1	1	2	8

注：阴影数字为发生连续减缓的拐点数，并控制减缓下降幅度2%作为计值衡量标准。

顺应当前增长减缓的趋势，及时转换经济增长动力，稳定当前的经济发展态势，避免像拉美国家那样陷入低水平持续减缓的陷阱之中。

2. 控制平均增长率，调整收入区间

本部分从收入角度考察中国经济增长减缓问题。我们重点关注各国和地区增长经验对当前中国经济增长的启示，所以，将发生连续经济减缓对应的收入区间限定在 7000 美元以下的范围，重点关注人均收入在 [3000, 7000] 美元时，各国和地区发生连续减缓的情形，其他发生在更高收入阶段的减缓则不予考虑。借助式（3-1）和式（3-2），控制减缓前平均增长率和下降幅度，我们通过变动收入水平，找出各国和地区发生连续减缓时对应的收入区间。如表4-6所示，除美国、中国香港和泰国以外，几乎每个国家和地区人

表4-6　　　　　　经济减缓区间国家和地区比较

国家和地区	人均收入<1000	1000<人均收入<3000	3000<人均收入<5000	国家和地区	人均收入<1000	1000<人均收入<3000	3000<人均收入<5000
中国	√		√	美国			
韩国			√	巴西			√
新加坡			√	智利			√
中国香港				阿根廷			√
马来西亚			√	哥伦比亚			√
泰国		√		乌拉圭			√
南非			√	博茨瓦纳		√	√
俄罗斯			√	赤道几内亚			√

均收入在［3000，5000］美元区间内都会发生连续增长减缓。而由于获得数据的有限性，1960年美国人均GDP已接近16000美元，中国香港的数据始于1965年，此时人均GDP已接近5000美元，因此，美国和中国香港不符合的情况很大程度源于数据的限制。这意味着在保持高增长情况下，人均收入处于［3000，5000］美元的国家和地区容易发生增长减缓，会面临经济增长的阶段性转折。当这些国家和地区增长初期经过一段时间的发展，积累了一定的经济基础，此时如果要成功实现向下一阶段的跨越，就必须调整经济结构，摆脱依靠要素投入增加来拉动经济增长的发展模式，这样势必会带来增长速度的减缓。

虽然进入人均收入3000美元收入水平面临的增长减缓的风险较大，但是，如果能顺应增长减缓的趋势，调整经济结构，转换经济增长动力，就能较快实现向下一个增长阶段的跨越。如成功实现经济转型的亚洲国家和地区停留在［3000，5000］美元的时间均较短，新加坡只用了5年时间就跨过了5000美元的门槛，而韩国和中国香港均为7年。相反，如果在这个阶段不能成功实现经济转型，就会在这个阶段滞留较长时间，发生增长停滞。典型的拉美国家如巴西1973—2006年的34年间均处于［3000，5000］美元的水平；阿根廷和智利，人均收入在1960年以前就达到3000美元，分别于1992年和2004年跨进5000美元门槛，停滞时间分别长达33年和45年；哥伦比亚和智利也用了近20年的时间实现跨越。2013年，中国人均GDP水平为3583.38美元，正处于［3000，5000］美元的收入区间内，能否顺应当前增长减缓的趋势，通过转方式、调结构顺利进入下个增长阶段，成为当前中国面临的关键问题。

3. 经济增长减缓与跨越的可能性

表 4-7 显示了各个国家和地区发生连续减缓对应的时间段和增长率水平。整体而言，20 世纪 70 年代和 90 年代，多数国家和地区集中发生了经济减速，而且连续减速持续时间较长。但是，发达经济体经历连续增长减缓较少，即使发生，也多集中在跨入高收入门槛之后。如美国 1980 年成为高收入国家，其连续增长减缓集中于 21 世纪初期；日本 1986 年跨入高收入国家，连续增长减缓发生于 90 年代初期；新加坡和中国香港于 1990 年先后成为高收入国家和地区，连续增长减缓发生于 1993 年以后。同时，这些国家和地区在跨入高收入门槛前 10 年，增长均相对平稳。如美国、日本及新加坡在此期间均未经历减缓过程，中国香港虽然之前一直保持较高速度增长，但此期间仅经历了两年的增长减缓期。近期有望加入高收入国家行列的巴西和马来西亚，其连续增长减缓也分别发生于 70 年代和 90 年代，而进入 21 世纪后均未发生过增长减缓。由此可见，要成功实现向高收入阶段的跨越，必须保持经济增长的相对稳定，避免经济出现较大的波动。2013 年，中国人均 GDP 达到 6560 美元，与世界银行界定的高收入门槛 12475 美元仍有较大的距离。当前，中国在经过较长一段时间高速增长之后，于 2008 年开始出现增长减缓拐点，如果未来几年均保持当前的增长速度，则根据艾森格林（2012）增长减缓的界定，2008 年至今均为增长减缓时期，并且其预测 2015 年还会出现减速拐点。这将使中国向高收入阶段的跨越变得相对困难，稍有不慎，就可能会重蹈拉美国家的覆辙。

表4-7 不同国家和地区发生连续减缓的时间和对应的增长率水平

20世纪60年代	20世纪70年代	20世纪80年代	20世纪90年代	21世纪初	增速区间
	新加坡（5）博茨瓦纳（6）		中国（3）	赤道几内亚（10）	11%—13%
	中国（3）韩国（6）		韩国（4）博茨瓦纳（7）		10%—11%
	巴西（5）	中国香港（2）	泰国（6）马来西亚（6）	中国（3）	9%—10%
	日本（7）		韩国（4）新加坡（6）		8%—9%
	巴西（4）	马来西亚（3）	智利（7）		7%—8%
南非（5）			中国香港（4）阿根廷（3）	俄罗斯（4）	6%—7%
	阿根廷（3）	哥伦比亚（3）	中国香港（4）		5%—6%
美国（3）	智利（6）	美国（2）	日本（5）乌拉圭（4）哥伦比亚（3）		4%—5%
		乌拉圭（4）		美国（8）	3%—4%

注：括号内数字为连续减缓的拐点数。

当前，无论从经济增长水平还是人均收入门槛来看，中国经济面临增长减缓的可能性均较大，甚至会发生连续的经济增长减缓可能性。因此，我们要做好充分的心理准备，顺应增长减缓的趋势，努力寻找"新常态"形势下推动经济增长的动力之源，稳定当前的增长态势，同时积极推动经济转型，提高经济增长的质量，为未来阶段向高收入门槛的迈进蓄积力量。

4. 国际经济增长经验及启示

以上结果显示，成功跨入高收入阶段的国家和地区均在较短时间内实现增长方式转变，并在跨越临界点前至少 10 年间保持了相对稳定的增长。具体而言，日本和亚洲"四小龙"通过转变经济增长方式，培育新的增长动力，实现增长跨越。比如日本在 20 世纪 60 年代末经历了连续增长减缓，日本选择放弃之前重点发展机械制造业和重化工业的产业战略，将微电子、光学机电和新材料等知识密集型产业作为战略支柱产业。同时，日本确立"技术立国"战略，实行第三次教育改革，培养技术创新型人才。新加坡在 1971—1975 年也发生连续增长减缓过程，为应对危机，新加坡政府于 1979 年进行了"第二次工业革命"，将以制造业发展为主转向发展高附加值的技术密集型产业。同年，为配合产业战略调整，新加坡合并成立了职业工业训练局，强化职业技术教育。韩国经历了 6 年（1974—1979 年）连续增长减缓后，于 1980 年确立了"技术立国"战略，2006 年，韩国专利申请量就占全球的 9.8%，成为世界上仅次于美国和德国的第三大专利申请国。伴随技术进步，韩国成功地实现了从制造业国家向创新和设计型国家的转型。

拉美国家陷入长期增长停滞源于没有适时转换增长动力机制。如巴西于 1973—1981 年经历了近 10 年的连续增长减缓，政府没有积极采取合理的应对措施，转换增长动力机制，至 80 年代出现持续衰退，被称为"失去的十年"。阿根廷在 20 世纪 70 年代经历了两次连续增长减缓（1970—1972 年和 1979—1980 年），其落入"中等收入陷阱"的原因主要是制度建设缺失，面对增长减缓没有能及时改善增长的制度环境，从而不能培育新的增长动力。智利20世纪30年代以来一直实行进口替代工业化发展战略，60年代末发生连续增长减缓，随即采用以自由市场为特征的外向型经济发展模式取代了进口替代的发展模式，自此新自由主义改革和出口导向型发展战略给智利带来了持续经济增长动力。

对于中国经济实际而言，尽管改革开放以来中国实现了持续30年的经济增速维持在9%以上的水平，但是，中国持续的高速增长主要源于国内要素成本优势以及与发达国家的技术差距产生的后发优势。中国一直以来利用资源和劳动力成本较低的优势参与国际分工，并通过发展资源和劳动密集型制造业，实现了经济的快速发展。

改革开放初期，中国与世界技术先进国家差距较大，通过技术模仿能以较低成本推动技术进步。然而，这也导致我国技术进步对国外技术模仿的依赖性较强，没有形成自主创新的发展路径和优势，这些因素已经严重阻碍了中国经济加速增长，成为引致中国落入"中等收入陷阱"的潜在推力。

当前，中国具有的人口红利优势已经消失，资源供给约束和劳动力成本上升使中国制造的成本优势丧失，产业结构发展的不合理日益凸显，迫切需要通过调整传统产业结构，发展战略性新兴产业和现代服务业，实现经济增长动力转化。与此同时，随着当前中国与世界前沿技术差距的缩小，不得不通过自主创新来推动自身技术进步，以此推动中国经济成功转型。

综上可见，当经济发生连续增长减缓，如果不能适时转换增长方式，挖掘新的增长动力，经济将陷入长期的增长停滞。2013年，中国人均GDP达到6560美元，与世界银行界定的高收入门槛12475美元仍有较大的距离。当前，中国在经过较长一段时间高速增长之后,于 2008 年开始出现增长减缓拐点,因此,如何寻找"新常态"下推动经济增长的动力之源,积极推动经济转型,提高经济增长的质量,实现经济的持续稳定增长,是关系中国能否成功迈入高收入门槛的关键。

五 中国经济增长追赶情况

(一) 跨国追赶经验事实

Aiyar 等（2013）将一些成功跨越"中等收入陷阱"的东亚经济体与拉美一些停滞国家进行比较，如图 5-1 和图 5-2 所示。图 5-1 反映了这些国家和地区当收入达到 3000 美元时，人均 GDP 相对于美国水平的演进过程。由图 5-1 可以看出，与其他国家相比，拉美国家，如墨西哥、秘鲁和巴西等在 3000 美元以后的增长路径较长，也即这些国家很早就实现了人均收入 3000 美元的水平。而亚洲"四小龙"中的韩国和中国台湾，虽然起步较晚，但增长速度很快，从占美国收入的 10%—20% 跃升至 60%—70% 的水平。与这一迅速增长趋同过程形成鲜明对比的是，一些拉美国家发生停滞（如巴西和墨西哥），甚至增长衰退（秘鲁）。

亚洲的一些中等收入国家和地区的表现则介乎东亚迅速增长经济体和拉美增长停滞国家经济表现之间。依据世界银行 2012 年关于国家所处增长阶段的界定，中国于 2002 年跨过低收入门槛（人均 GDP 达到 1005 美元），成为中等收入国

图 5-1 跨国增长路径比较

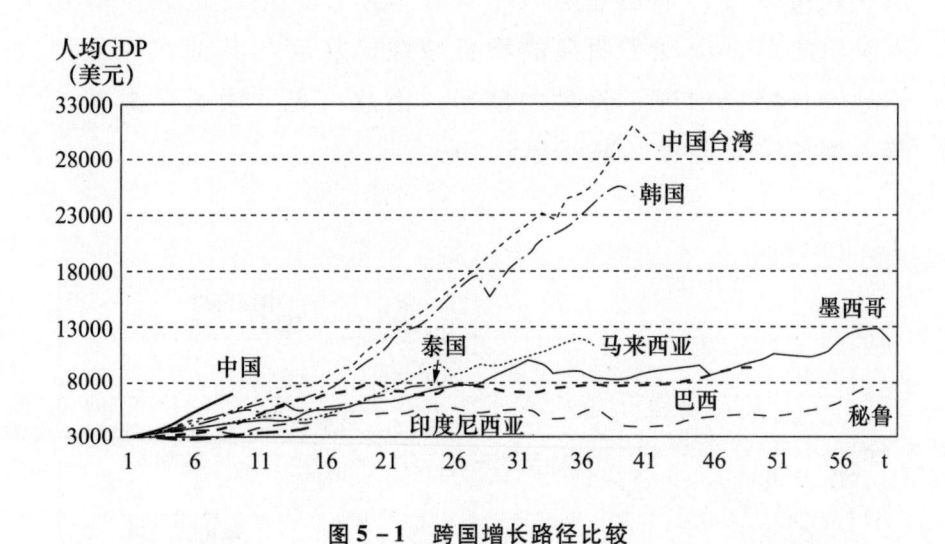

资料来源：Aiyar et al., 2013, "Growth Slowdowns and the Middle-Income Trap". *IMF Working Paper*, WP/13/71. 原始数据来源于国际货币基金组织的计算结果。其中，t=0 表示某个国家人均 GDP 达到 3000 美元时对应的年份。

家，2010 年跨过中下等收入门槛（人均 GDP 达到 3975 美元），成为中上等收入国家。就目前中国增长情况而言，虽然中国进入中等收入阶段才十几年的时间，中国经济的增长轨迹明显优于东亚成功跨入高收入阶段经济体早期的增长表现。与此同时，不论绝对水平还是相对水平，马来西亚的增长表现都要超过拉美国家。泰国的增长表现类似于巴西和墨西哥早期的增长路径，而印度尼西亚的经济增长，即使与拉美国家相比，也显得十分逊色。

进一步地，图 5-2 对上述国家和地区收入对数情况进行比较，此时曲线的斜率即为各个国家和地区的增长率水平。由图 5-2 明显可以看出，多数拉美国家都是由于在 20 年甚至更长的时间保持较快的增长速度（尽管其增长速度比东亚经济体慢）而迅速进入中等收入阶段，但在进入中等收入阶段之后，出现了明显的增长减缓，从而与其他东亚经济体的增长路径出现了分化的情形。由此可见，增长停滞甚至落入增长陷阱与增长减缓密切相关。

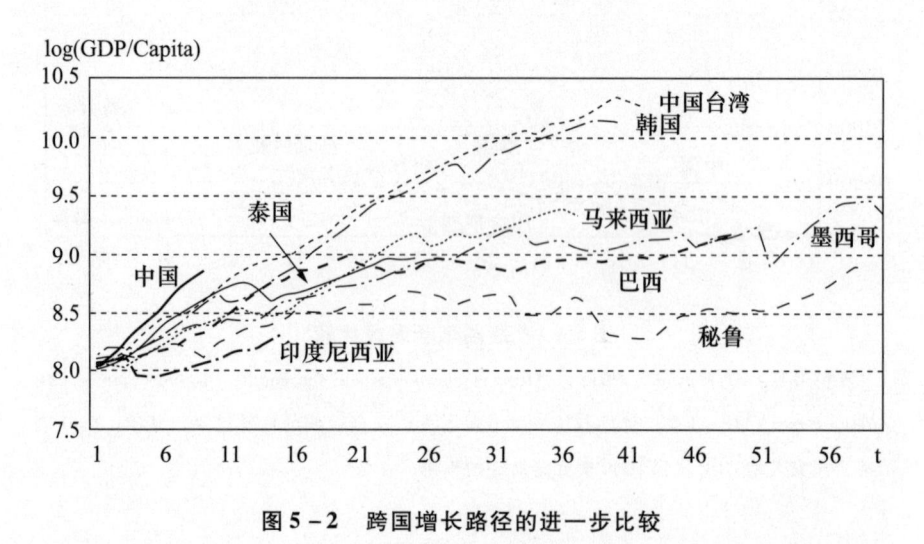

图 5-2 跨国增长路径的进一步比较

资料来源：Aiyar et al., 2013, "Growth Slowdowns and the Middle - Income Trap". *IMF Working Paper*, WP/13/71。原始数据来源于国际货币基金组织的计算结果。其中，人均 GDP 为经过购买力平价调整的以 2005 年不变美元衡量的数据；t=0 表示某个国家人均 GDP 达到 3000 美元时对应的年份。

（二）跨国追赶系数测算

本部分通过对追赶系数的测算，来分析不同国家和地区向发达国家的收敛情况。通过不同国家和地区追赶发达国家所需要的时间来反映与发达省份的收敛情况，追赶时间越短，表明与发达国家增长差距在不断缩小；追赶时间越长，

表明增长差距在不断扩大。各个国家和地区成功实现向发达国家追赶系数的计算公式为:

$$T_c = \frac{\ln G_I}{\ln\left(\dfrac{1+g_u}{1+g_d}\right)}$$

其中,G_I 表示各国与发达国家的收入差距;g_u 为欠发达国家的 GDP 平均增长率;g_d 为发达国家的 GDP 平均增长率;T_c 可以理解为追赶上发达国家所需的时间。当某个国家与发达国家收入差距越大,即 G_I 越大时,则其增长追赶时间 T_c 越长,追赶越困难;当某个国家相对发达国家能实现更快的增长速度时,也即 $(1+g_u)/(1+g_d)$ 越大,则其增长追赶时间 T_c 将越短。$T_c>0$,反映出追赶国家收入水平较低但增速较快,或收入水平较高但增速较慢;$T_c<0$,反映出追赶国家不仅收入水平低,而且增速慢。这里我们以美国为参照,考察各个国家和地区相对于美国的经济收敛情况,同时构造 t 统计量,对追赶系数的有效性进行检验,如表 5-1 所示。

表 5-1　　　　各个国家和地区增长追赶情况

国家	时间段(年)	追赶系数	国家	时间段(年)	追赶系数
日本	1960—1980	1.409*** (0.26)	中国	1991—2015	48.001** (23.527)
韩国	1981—1997	37.439** (22.29)	泰国	1987—1996	44.567*** (30.797)
新加坡	1970—1990	20.479** (12.180)		1997—2015	-13.601 (615.23)

续表

国家	时间段(年)	追赶系数	国家	时间段(年)	追赶系数
巴西	1960—1970	24.433*** (5.50)	墨西哥	1970—1980	26.698** (12.70)
	1980—2011	224.946 (1429.407)		1960—1980	19.866 (138.618)
阿根廷	1960—2000	134.67 (936.557)	智利	1980—2000	56.818** (30.42)
	2000—2011	32.464*** (4.737)		2004—2013	54.819*** (18.53)
哥伦比亚	1967—1975	100.149** (52.254)	委内瑞拉	1970—1980	28.775** (9.807)
	2000—2015	89.525** (48.439)		2000—2011	18.578*** (4.442)

注：①括号内为追赶系数的 t 统计量值。② ***、**和*分别代表 5%、10% 和 15% 的置信水平。

资料来源：世界银行 WDI 数据库，人均收入指标为 2010 年不变美元衡量的人均 GDP 水平。

由表 5-1 可知，日本实现有效追赶的时间段主要集中在 20 世纪 60—80 年代，并于 1986 年完成中等收入阶段的跨越，成为高收入国家。日本 60 年代平均增长率达到两位数，为 10.44%。至 90 年代（1990—1996 年），日本人均 GDP 甚至一度超过美国。新加坡在 20 世纪 70—90 年代对美国经济的追赶效应较为显著，于 1990 年越过了高收入门槛。韩国经济的有效追赶过程始于 20 世纪 80 年代初期，一直持续到亚洲金融危机爆发，增速才有所放缓。中国在 1991—2015 年实现了对美国经济的有效追赶，而其他亚洲国家和地区，如泰国，在80年代末至90年代末追赶系数显著性较高，但进入21世纪后，追赶系数甚至变为负值，这表明，在此期间不仅泰国的人均收入水平低于美国，而且增速也相对较慢，对发达经济体的追赶变得困难。

然后，我们关注拉美国家的经济追赶情况。由表5-1可知，巴西经济有效追赶时间段为20世纪六七十年代，在这段时间内平均增长率达到7.35%，人均GDP（据2010年不变美元水平）从3000多美元持续增长至1980年的8246美元，之后一直在8000美元左右的水平徘徊，至2000年之后，人均收入才有所提升。至60年代末，哥伦比亚经济实现快速增长，一直持续到70年代后期。同时，在70年代，墨西哥和委内瑞拉也实现了对发达经济体的快速有效追赶。进入80年代，智利的增长追赶较为有效，而且一直持续至今。21世纪以来，按追赶速度的快慢，实现有效追赶的拉美国家依次是委内瑞拉、阿根廷、智利和哥伦比亚。

（三）中国省域经济追赶情况

借鉴上述对跨国追赶系数的计算公式，我们对中国各省份向发达省份的追赶系数进行计算，借此反映出与发达省份的收敛情况。这里，我们以北京为参照，考察各省份对北京的增长追赶情况。追赶时间越短，表明与发达省份增长差距在不断缩小；追赶时间越长，表明增长差距在不断扩大。需要说明的是，$T_c > 0$，反映出追赶省份收入水平较低但增速较快，或收入水平较高但增速较慢；$T_c < 0$，反映出追赶省份不仅收入水平低，而且增速慢（上海例外，上海人均收入基本均高于北京，其追赶系数小于零，反映出上海不仅收入

水平高于北京，而且增长较快）。在对追赶系数进行计算的基础上，构造 t 统计量，对追赶系数的有效性进行检验，结果如表 5-2 所示。

由表 5-2 可知，东部地区 2008—2015 年实现有效追赶的省份包括海南、山东、江苏和福建。2016 年上半年，福建、江苏和海南仍保持 8% 以上的高速增长，其增长率分别为 8.3%、8.2% 和 8.1%。广东、江苏和山东 GDP 总量占据全国前三位，均超过 3 万亿元。其中，上海 2008 年以来增长赶超系数为 -11.858，表明上海已经实现对北京的收入赶超，不仅收入较高，而且增速较快。2016 年上半年，上海与北京保持 6.7% 的同速增长，但人均收入已超过北京，位居全国第一。东部地区其他省份的 GDP 增速也都高于北京，经济收敛特征较为明显。中部地区中，2008 年以来，实现有效追赶的省份包括河南、江西、安徽、湖北和湖南。中部地区和东部地区整体表现出较好的增长收敛情况，其中，增长分化表现较严重的是东三省、内蒙古、山西以及河北等依赖资源和重工业发展的地区，山西和河北的追赶系数甚至为负值，表现出对发达省份的增长追赶能力较差。2016 年上半年，辽宁、吉林、黑龙江、山西、河北、内蒙古等省份 GDP 增速基本垫底，分别为 -1%、6.7%、5.7%、3.4%、6.6% 和 7.1%，全国仅有的 5 个 GDP 增速低于全国平均水平的省份，包括河北、黑龙江、山西和辽宁，辽宁 GDP 增长率甚至已连续两个季度表现为负值。西部地区区域分化较为严重，2008—2015 年，能实现有效追赶的省份仅有西藏、陕西和重庆 3 个。2016 年上半年，重庆和西藏持续保持高速增长，其 GDP 增长率均为 10.6%，排在全国第一位，但四

四 中国经济发展现状及阶段性特征 | 67

表 5-2 各省分阶段增长追赶系数情况

省份	时间段（年）	追赶系数	省份	时间段（年）	追赶系数	省份	时间段（年）	追赶系数
福建	1985—2007	-2.738（-0.056）	江苏	1985—2007	12.175（0.200）	山东	1985—2007	13.982（0.162）
	2008—2015	11.73***（2.293）		2008—2015	13.865***（2.016）		2008—2015	18.951***（4.604）
海南	1985—2007	-9.99（0.165）	上海	1985—2007	0.528（0.024）	广东	1985—2007	1.283（0.079）
	2008—2015	39.732***（1.997）		2008—2015	-11.858（-0.232）		2008—2015	25.501（0.599）
浙江	1985—2007	3.277（0.309）	辽宁	1985—2007	3.928（0.057）	天津	1985—2007	-9.494（-0.115）
	2008—2015	19.806（0.794）		2008—2015	15.379（0.564）		2008—2015	6.329（1.16）
湖南	1985—2007	27.005（0.144）	湖北	1985—2007	82.31（0.344）	安徽	1985—2007	-30.974（-0.294）
	2008—2015	15.895***（3.723）		2008—2015	20.215***（2.67）		2008—2015	21.852***（2.342）
江西	1985—2007	0.532（0.007）	河南	1985—2007	49.317（0.207）	黑龙江	1985—2007	-67.732（-0.395）
	2008—2015	22.952***（3.545）		2008—2015	43.328*（1.525）		2008—2015	59.129（0.587）

续表

省份	时间段（年）	追赶系数	省份	时间段（年）	追赶系数	省份	时间段（年）	追赶系数
内蒙古	1985—2007	-18.385（-0.291）	吉林	1985—2007	-3.226（-0.038）	山西	1985—2007	-1.873（-0.017）
	2008—2015	29.997（0.75）		2008—2015	15.883（0.238）		2008—2015	-5.533（-0.097）
重庆	1985—2007	-0.345（-0.003）	陕西	1985—2007	-8.305（-0.084）	西藏	1985—2007	14.232（0.224）
	2008—2015	11.896***（2.545）		2008—2015	17.784***（2.32）		2008—2015	32.32*（1.59）
甘肃	1985—2007	-16.993（-0.138）	新疆	1985—2007	0.131（0.0015）	宁夏	1985—2007	-15.237（-0.26）
	2008—2015	165.222（0.515）		2008—2015	53.784（0.524）		2008—2015	38.656（1.129）
云南	1985—2007	-55.578（-0.348）	贵州	1985—2007	-54.122（-0.31）	四川	1985—2007	28.499（0.317）
	2008—2015	35.397（1.234）		2008—2015	28.892（1.473）		2008—2015	27.04（1.424）
广西	1985—2007	-4.779（-0.098）	青海	1985—2007	16.66（0.123）	河北	1985—2007	13.981（0.34）
	2008—2015	24.284（1.437）		2008—2015	-97.46（-0.305）		2008—2015	-16.861（-0.109）

注：①括号内为追赶系数的t统计量值。②所有省份按区域（东部、中部和西部）进行分类整理，为整理的方便，将东部地区中河北省的情况移至表格最后。

川、广西、云南等省份增速排名靠后。贵州 GDP 增速较高，为 10.5%，其他省份如青海、新疆、宁夏、甘肃增速在 8% 左右，虽略高于全国平均水平，但是，由于这些省份人均收入低，经济基础差，表现出经济追赶较为乏力。

　　整体而言，2008 年中国经济遭遇严重外部冲击之后，由于各地区所处增长阶段和发展能力不同，出现了明显的区域分化。东部发达地区的经济增长基本趋于收敛，增速稳定回升。中部地区省份也表现出了较好的增长收敛迹象。其中，东三省及内蒙古、山西、河北等重化工业相对集中的资源型发展省份增长分化现象较为严重，这些地区面临较大的转型压力，增速下降较早，同时经济呈现出显著的追赶动力不足。西部区域也表现出增长分化迹象，11 个西部省份中能实现有效追赶的仅有 3 个，占比不到 30%。多数省份近年来保持了较高的增长速度，增速放缓出现较晚，但是，由于西部省份多数经济规模较小，抗风险能力弱，一旦出现增速较大幅度下降，将势必面临增长风险集聚，加大化解难度。

六 对未来中国经济增速的预测

本部分我们对未来中国经济增速进行大致估算。

（一）数据及方法说明

GDP 增长率数据来源于历年《中国统计年鉴》和《新中国六十年统计资料汇编》。

估算方法采用由博克斯和詹金斯（Box and Jenkins, 1970）提出的单整自回归移动平均模型（ARIMA）进行估算。ARIMA 模型的数学表述为：

$$\Delta^d g_t = \theta_0 + \sum_{i=1}^{p} \phi_i \Delta^d g_{t-1} + \varepsilon_t + \sum_{j=1}^{q} \theta_j \varepsilon_{t-j}$$

式中，$\Delta^d g_t$ 为 g_t 经过 d 次差分转换后的序列，ε_t 是 t 时刻的随机误差，为相互独立的白噪声序列，且服从均值为 0，方差为常数 σ^2 的正态分布，$\phi_i (i = 1, 2, \cdots, p)$ 和 $\theta_j (j = 1, 2, \cdots, q)$ 模型的带估计参数，p 和 q 为模型的阶，上述模型可记为 ARIMA(p, d, q)。

运用 ARIMA 模型进行 GDP 增速预测的步骤为：

（1）GDP 增长率序列平稳化处理。如果 GDP 增长率是非平稳的，可通过差分变化，使其满足平稳性条件。

（2）模型识别。主要通过自相关和偏自相关系数来确定模型的阶数 p 和 q。

（3）参数估计和模型诊断。估计模型的参数，并检验（包括参数的显著性检验和残差的随机性检验），然后判断所建模型是否可取。

（4）利用所选取合适参数的模型进行预测。

（二）估算结果说明

需要说明的是，虽然 ARIMA 模型由于其灵活性和可行性较高而成为目前应用最广泛的时序预测模型之一，但是，它也存在一些缺陷。在 ARIMA 模型中，序列变量的未来值被假定满足变量过去观察值和随机误差值的线性函数关系，而忽略了现实中绝大多数时间序列所具有的非线性关系，因此，该方法只适用于短期 GDP 增速预测。为弥补这一缺陷，我们根据已有数据，先对未来有效期限内的 GDP 增速进行预测，然后根据新生成的数据重新对新的有效期内的数据进行预测，并以此类推。依据上述方法，对未来十年（2016—2025 年）GDP 增速预测，结果如表 6-1 所示。

表 6-1　　　　　对 2016—2025 年 GDP 增速预测情况　　　　单位：%

年份	2016	2017	2018	2019	2020
增长率	6.849	6.433	6.213	6.288	6.511
年份	2021	2022	2023	2024	2025
增长率	6.739	6.842	6.860	6.837	6.817

由表 6-1 可知，2016—2025 年，中国 GDP 增长率在 [6.213%，6.860%] 的区间范围内波动；未来十年，GDP 年增长率平均值为 6.639%。

参 考 文 献

[1] Aiyar, S. et al., 2013, Growth Slowdowns and the Middle-Income Trap, *IMF Working Paper*, WP/13/71.

[2] Abadie, Alberto and Javier Gardeazabal, "The Economic Costs of Conflict: A Case Study of the Basque Country", *The American Economic Review*, 93.1 (2003), pp. 113–132.

[3] Adalet, McGowan M., D. Andrews and V. Millot, "The Walking Dead? Zombie Firms and Productivity Performance in OECD Countries", OECD Economics Department Working Paper, 2016.

[4] Andrews, D., C. Criscuolo and P. Gal, "The Global Productivity Slowdown, Technology Divergence and Public Policy: A Firm Level Perspective", Brookings Institution Hutchins Center Working Paper, No. 24, 2016.

[5] Alvarez, Fernando E., Francisco J. Buera and Robert E. Lucas Jr., Idea flows, economic growth, and trade. No. W19667, National Bureau of Economic Research, 2013.

[6] Box, G. E. P. and Jenkins, G. M., Time Series Analysis

Forecasting and Control, San Francisco: Holden - Day, 1970.

[7] Benhabib, Jess et al., "The growth dynamics of innovation, diffusion, and the technology frontier", Manuscript, New York University (2014).

[8] Buera, Francisco J. and Ezra Oberfield, The Global Diffusion of Ideas, No. W21844. National Bureau of Economic Research, 2016.

[9] Chari, V. V., Patrick Kehoe and Ellen McGrattan, "Business cycle accounting", *Econometrica*, 75 (3), 2007, pp. 781 – 836.

[10] Cheremukhin, Anton, Mikhail Golosov, Sergei Guriev, and Aleh Tsyvinski, "Was Stalin Necessary for Russia's Economic Development?", NBER Working Paper, No. 19425, 2013.

[11] Cheremukhin, Anton et al., The economy of People's Republic of China from 1953, No. W21397. National Bureau of Economic Research, 2015.

[12] Eaton, Jonathan and Samuel Kortum, "Technology, Geography, and Trade", *Econometrica* No. 5 (2002), pp. 1741 – 1779.

[13] Eichengreen Barry, Donghyun Park and Kwanho Shin, When Fast Economies Slow Down: International Evidence and Implicationa for China. *Asian Economic Papers*, Vol. 11, 2012, pp. 42 – 87.

[14] Hausmann Ricardo, L. Pritchett and Dani Rodrik, "Growth Accelerations", *Journal of Economic Growth*,

Vol. 10, 2005, pp. 303–329.

[15] IMF Working Paper, Resolving China's Corporate Debt Problem, WP/16/203, 2016.

[16] Julio Leal, "Which sectors make poor countries so unproductive? A perspective from inter-sectoral linkages", Banco de México Working Papers, No. 2015-23, 2015.

[17] Lucas, Robert E., "Ideas and Growth", *Economica* 76. 301, 2008, pp. 1–19.

[18] Lucas, Robert E. and Benjamin Moll, "Knowledge Growth and the Allocation of Time", *Journal of Political Economy* 122. 1, 2011, pp. 1–51.

[19] Melitz, Marc J., "The Impact of Trade on Intra-Industry Reallocations and Aggregate Industry Productivity", *Econometrica* 71. 6, 2003, pp. 1695–1725.

[20] Perla, Jesse and Christopher Tonetti, "Equilibrium Imitation and Growth", *Journal of Political Economy* 122. 1, 2014, pp. 52–76.

[21] Song Zheng, Michael, Kjetil Storesletten, and Fabrizio Zilibotti, "Growing Like China", *The American Economic Review* 101. 1, 2011, pp. 196–233.

[22] Tauchen, George, 1986, "Finite State Markov-Chain Approximations to Univariate and Vector Autoregressions", *Economic Letters*, 20 (2), 2009, pp. 177–181.

[23] 蔡昉:《中国经济增长如何转向全要素生产率驱动型》,《中国社会科学》2013年第1期。

［24］唐未兵、傅元海、王展祥：《技术创新、技术引进与经济增长方式转变》，《经济研究》2014年第7期。

［25］严成樑、龚六堂：《R&D规模、R&D结构与经济增长》，《南开经济研究》2013年第2期。

［26］赵昌文、许召元、朱鸿鸣：《工业化后期的中国经济增长动力》，《中国工业经济》2015年第6期。

［27］中国经济增长前沿课题组：《中国经济增长的低效率冲击与减速治理》，《经济研究》2014年第12期。

后　记

　　2008年全球金融危机冲击后，中国经济增长逐步告别了两位数的高速增长，2016年经济增长率为6.7%，2017年预计保持在6.5%左右的水平，中国经济增长进入个位数增长，保持在6%—7%的增长区间，呈现中高速增长态势，并正逐步迈向中高端发展。经济增长的理论逻辑和国际经验表明，一国经济迈向中高端发展需要持续的效率改进，即劳动效率改进和全要素生产率贡献比重的提升。在工业化时期，高速增长基本上同步伴随着效率的改善，但经济结构进入服务化后，这两个伴随出现了非同步，甚至增长与效率改善无关的现象。基于此，中国未来的经济增长是在保持经济平稳的基础上，深化供给侧结构性改革，加快效率提升模式的重塑，推动中国经济进入中高端发展。

　　本书的完成离不开研究室各位老师和同仁的帮助。刘霞辉研究员对本书的写作提供了大量的帮助和指导，每周的例行讨论都为本书的研究内容提出了许多很好的见解，使本书的内容更加完善。谢袁富华研究员和楠玉博士后完成的基础资料的收集和数据整理工作，为本书后续研究打下了坚实的基础。研究室每次参与研讨并提出宝贵意见的各位同仁，包括：赵志君研究员、仲继银研究员、张自然研究员、王宏淼研究员、吴延兵研究员、郭路副研究员、付敏杰副研究员、张小溪副研究员、张鹏助理研究员，还有其他一些参与讨论的博士生等，在此一并感谢！

  本书研究内容尚有许多不足之处，后续我们会继续关注于中国经济增长跨越和迈向中高端的问题，并进行更加深入的研究和探讨，以期有所进益。

作者

2017 年 10 月 16 日